Wer lebte wo in Leipzig

von Christiane Kruse

In diesem gründer-zeitlichen Bürger-haus, Czermaks Garten 7, wohnte Erich Kästner als Student

INHALT

Vorwort	4
Bruno **Apitz**	6
Elsa **Asenijeff**	8
Fritz **Baedeker**	10
August **Bebel**	12
Adolf **Bleichert**	14
Ernst **Bloch**	16
Georg Heinrich **Bose**	18
Hanns **Eisler**	19
Hans **Fallada**	20
Christian Gottlob **Frege** d.J.	22
Carl Friedrich **Goerdeler**	24
Ferdinand **Goetz**	26
Edvard **Grieg**	28
Fritz von **Harck**	30
Carl **Heine**	32
Edgar Julius **Herfurth**	34
Gustav **Hertz**	35
Uwe **Johnson**	36
Erich **Kästner**	38
Sir Bernard **Katz**	39
Max **Klinger**	40
Alfred **Kröner**	42
Karl & Wilhelm **Liebknecht**	44
Johann Heinrich **Linck** d.J.	46
Anton **Mädler**	47
Gustav **Mahler**	48
Wolfgang **Mattheuer**	50
Georg **Maurer**	51
Hans **Mayer**	52
Felix **Mendelssohn Bartholdy**	54
Herrmann Julius **Meyer**	56
Jacques **Mieses**	57
Paul **Möbius**	58
Theodor **Mommsen**	60
Oscar **Mothes**	62
Friedrich **Nietzsche**	64
Sir Nikolaus **Pevsner**	66
Max **Pommer**	67

INHALT

Alexander Nikolajewitsch **Radischtschew**	68
Hildegard Maria **Rauchfuß**	69
Klaus **Renft**	70
Johann Caspar **Richter**	71
Franz Conrad **Romanus**	72
Ernst **Rowohlt**	74
Friedrich von **Schiller**	76
Auguste **Schmidt**	78
Clara & Robert **Schumann**	80
Max **Schwimmer**	82
Nathan **Söderblom**	83
Gustav **Stresemann**	84
Georg **Trexler**	85
Werner **Tübke**	86
Walter **Ulbricht**	88
Lene **Voigt**	90
Mary **Wigman**	91
Christiana Mariana von **Ziegler**	92
Ortsregister	93
Kleine Auswahl zerstörter Adressen	94
Literatur	95
Impressum	96

*Blick vom Cityhoch-
haus auf das Stadt-
panorama – links das
Neue Rathaus*

VORWORT

Blick auf die Thomaskirche mit angrenzender Thomasschule, in der Johann Sebastian Bach als Kantor eine Wohnung hatte. Die Thomasschule wurde 1901/02 abgerissen, heute befindet sich dort das Pfarramt St. Thomas (aquarellierte Zeichnung von Felix Mendelssohn Bartholdy, 1838/39)

Goethe bescheinigte Leipzig „etwas Imposantes", und Lessing pries die „Lebensluft", die man hier „atmen konnte". Auf Fontane machte die Stadt einen geradezu „berauschenden Eindruck", und in den 1950er-Jahren schrieb Uwe Johnson, sie sei die „wahre Hauptstadt der Deutschen Demokratischen Republik".

Als reiche, weltoffene Handels- und Messestadt, Universitätssitz und Kulturmetropole besitzt Leipzig eine jahrhundertealte Tradition. Es galt seit Beginn des 18. Jahrhunderts als „Weltstadt des Buches" und war bis 1945 Hauptsitz führender Verlage wie Reclam und Brockhaus, Baedeker und Kröner.

Gegen Ende des 19. Jahrhunderts entwickelte sich Leipzig mit den Unternehmern Adolf Bleichert und Carl Heine zugleich zum bedeutenden Industriestandort und war mit Wilhelm Liebknecht und August Bebel eine Hochburg der Arbeiterbewegung.

An der 1409 gegründeten Universität lehrten berühmte Professoren, darunter Johann Christoph Gottsched, Theodor Mommsen, Gustav Hertz, Hans Mayer und Ernst Bloch. Hier studierten Fichte, Gellert und Lessing, Gustav Stresemann und Erich Kästner.

Mit dem 1843 von Felix Mendelssohn Bartholdy gegründeten Konservatorium, dem Gewandhausorchester und dem Thomanerchor ist Leipzig bis heute eine der traditionsreichsten Musikstädte Deutschlands, die neben Bach u.a. auch Edvard Grieg und Gustav Mahler anzog. „Doch bleibt Leipzig", schrieb Robert Schumann, „noch immer die bedeutendste Stadt, und ich würde jedem jungen Talente raten, dahin zu gehen, wo man so viel und so gute Musik hört."

Weltruf besaß schließlich auch die ‚Leipziger Schule' mit den ehemaligen DDR-Künstlerstars Werner Tübke und Wolfgang Mattheuer.

Trotz zahlreicher Abrisse und großflächiger Zerstörungen durch alliierte Luftangriffe zwischen Dezember 1943 und April 1945, denen u.a. die Wohnhäuser von Johann Sebastian Bach, Gottfried Wilhelm Leibniz und Richard Wagner zum Opfer fielen, sind viele Adressen prominenter Leipziger noch heute erhalten.

In einer breit gefächerten Auswahl von 58 Kurzbiografien werden bedeutende Persönlichkeiten, ihr Wirken in der Stadt und ihre einstigen Wohnorte vorgestellt: Kaufleute und Wissenschaftler, Verleger, Künstler, Architekten und Politiker – vom frühen 18. bis zum Ende des 20. Jahrhunderts. Das Buch führt zu Renaissancehäusern und Barockpalais im Stadtzentrum, Schillers Bauernhäuschen im Stadtteil Gohlis, klassizistischen Bürgerhäusern in den alten Vorstädten und in das heute vorbildlich sanierte Waldstraßenviertel, eines der größten Gründerzeitareale Europas: ein kulturgeschichtlicher Reiseführer durch eine der schönsten Städte Deutschlands.

Geburtshaus von Richard Wagner am Brühl 3, 1886 abgerissen

Bruno **APITZ**

Schriftsteller
(geb. 1900
Leipzig –
gest. 1979
Berlin/DDR)

**Leipzig-
Volksmars-
dorf,
Elisabeth-
straße 15**

Er zählte zur „alten Garde" der DDR-Schriftsteller, so der Literaturkritiker Marcel Reich-Ranicki, die Leben und literarische Arbeit ganz in den Dienst der kommunistischen Partei stellten.

Aus dem Leipziger Arbeitermilieu stammend, durchlebte Bruno Apitz die ‚typische‘ Biografie eines Kommunisten seiner Generation. Er war das zwölfte Kind eines Wachstuchdruckers und einer Wäscherin, die Familie war arm. Seine Lehre als Stempelschneider musste er aus Geldnot abbrechen, um als Laufbursche, Markthelfer und später als Buchhandlungsgehilfe zu arbeiten. Sein Versuch, sich in den 1920er-Jahren als Schauspieler zu etablieren, gelang nicht.

Apitz engagierte sich seit 1914 in linken Jugendorganisationen, wo er den jungen » Walter Ulbricht kennen lernte, wurde 1919 SPD- und 1927 KPD-Mitglied und leitete den Zentralverlag der kommunistischen „Roten Hilfe". Viele Ereignisse seiner immer wieder in politische Agitationen verwickelten Kindheit und Jugend in Leipzig – u.a. kam er wegen Antikriegspropaganda 17-jährig erstmals ins Gefängnis – verarbeitete Apitz

*Apitz' Geburtshaus
in Volksmarsdorf
(re.). Der Bezirk
war damals ein
Zentrum der
Arbeiterbewegung*

später in seinem autobiografischen Roman „Der Regenbogen" (1976 erschienen).

Bruno Apitz

Seine schwerste Zeit begann mit der NS-Machtergreifung. Als KPD-Mitglied wurde Apitz 1934 inhaftiert, saß bis 1938 im Zuchthaus Waldheim und anschließend bis zur Befreiung durch US-amerikanische Truppen am 11. April 1945 im KZ Buchenwald.

Nach Ende des Zweiten Weltkriegs gehörte er zu den Gründungsmitgliedern der SED (Sozialistische Einheitspartei Deutschlands), arbeitete als Verwaltungsdirektor der Leipziger Städtischen Bühnen (1946–1949) und Redakteur der Leipziger Volkszeitung, bevor er sich 1955 als freier Schriftsteller und Dramaturg bei der DEFA in Berlin niederließ.

Mit seinem Roman „Nackt unter Wölfen" (1958) erlebte Apitz, zu dieser Zeit bereits 58 Jahre alt und vollkommen unbekannt, seinen ersten und einzigen schriftstellerischen Erfolg. Das Buch, in dem er seine Haftzeit im KZ verarbeitete, wurde ein Weltbestseller: eine halbe Million verkaufte Exemplare innerhalb von zwei Jahren allein in der DDR, übersetzt in 30 Sprachen und 1963 unter Apitz' Mitarbeit von DEFA-Regisseur Frank Beyer verfilmt.

Seine Wirkung verdankte „Nackt unter Wölfen" der erschütternden Handlung. Insassen des KZ Buchenwald verstecken unter Lebensgefahr ein dreijähriges polnisches Waisenkind – eine auf Tatsachen basierende Geschichte, die Apitz zwar nicht miterlebt hatte, jedoch aufgriff, um sie im Sinne politischer Propaganda zu modifizieren: Allein die kommunistischen Häftlinge sind die wahren Helden seiner Schilderung.

Mit späteren Veröffentlichungen, darunter die ebenfalls im Konzentrationslager spielende Novelle „Esther" (1944/45 verfasst, 1959 erschienen), konnte Apitz nie wieder an seinen Welterfolg heranreichen. ■

Elsa ASENIJEFF

**Schrift-
stellerin**
(geb. 1867
Wien –
gest. 1941
Bräunsdorf/
Sachsen)

**Leipzig-
Zentrum-Süd
(Musikviertel),
Schwägrichen-
straße 11**

*Elsa Asenijeff in
Gartenlandschaft
(Gemälde von
>> Max Klinger,
um 1903, Museum
der bildenden
Künste Leipzig)*

Glanzvoll und tragisch war das Leben von Elsa Asenijeff. Mit der Veröffentlichung ‚lyrischer‘ Romane („Die neue Scheherazade"; „Hohelied an den Ungenannten") und frauenrechtlicher Schriften („Tagebuchblätter einer Emancipierten"; „Aufruhr der Weiber und das Dritte Geschlecht"), in denen sie zwar weibliche Gleichberechtigung forderte, einen an der Männerwelt orientierten Lebensstil jedoch ablehnte, gehörte sie zu den wenigen Frauen ihrer Zeit, die sich nicht nur selbstbewusst zu Emanzipationsfragen äußerten, sondern auch einen ‚unangepassten‘ Lebensstil wagten.

Als sie 1895 nach Leipzig kam, um als Gasthörerin an der Universität Literatur und Philosophie zu studieren, hatte die ausgebildete Lehrerin aus Wien bereits ein bürgerliches Leben hinter sich gelassen. Von ihrem Ehemann, dem Diplomaten und Ingenieur Ivan Nestoroff, mit dem sie im bulgarischen Sofia gelebt hatte, war sie geschieden. Ihren ältesten Sohn zog ihre Mutter auf, der jüngere Sohn Asen, auf den ihr Künstlername Asenijeff zurückgeht (ihr Geburtsname lautete Packeny), war früh verstorben.

Die glücklichste Zeit ihres Lebens begann, als sie 1897 bei einem Liliencron-Abend der Literarischen Gesellschaft den umworbenen Leipziger Künstlerfürsten >> Max Klinger kennen lernte. Fünfzehn Jahre lang blieb sie die Frau an seiner Seite, trat auch bei offiziellen Anlässen in Erscheinung und begleitete ihn auf seinen zahlreichen ausgedehnten Reisen. Interessiert verfolgte und kommentierte sie seine künstlerischen Arbeiten, u.a. in

ihrer Schrift über die Entstehung seiner berühmten Beethoven-Plastik („Max Klingers Beethoven. Eine kunsttechnische Studie", 1902). Im Jahr 1900 wurde in Paris die gemeinsame Tochter Désirée Otima geboren (gest. 1973 Sydney/Australien), die sie jedoch einer Ziehmutter überließen.

Nach der Trennung von Klinger – er hatte eine jüngere Partnerin gefunden, die er später heiratete – verlor Asenijeff den Halt. Mit ihren Schriftsteller-Honoraren allein konnte sie ihre Existenz nicht sichern, sie verarmte, verlor ihre Wohnung, lebte in wechselnden Pensionszimmern und wurde schließlich obdachlos. 1923 kam sie in die Leipziger Universitätsnervenklinik. Ihre letzten achtzehn Lebensjahre verbrachte sie in der Psychiatrie, u.a. in Leipzig-Dösen und in Colditz, bis sie am 5. April 1941 in der Anstalt Bräunsdorf bei Chemnitz verstarb – ob wirklich an Lungenentzündung, wie offiziell verlautbart wurde, oder als Opfer nationalsozialistischer ‚Euthanasiepolitik', konnte nie geklärt werden.

Neben ihren zum Teil noch heute lieferbaren Buchveröffentlichungen erinnern Klingers Porträts an Elsa Asenijeff. Einige von ihnen zeigt das Leipziger Museum der bildenden Künste. ∎

Das hochherrschaftliche Haus mit bis zu 270 Quadratmeter großen Wohnungen wurde 1894–96 von Otto Brückwald erbaut. Asenijeff lebte ab 1899 im Hochparterre. Im selben Haus wohnten später der Kunsthistoriker ›› Nikolaus Pevsner sowie der Komponist Günther Raphael

Fritz **BAEDEKER**

Verleger
(geb. 1844
Koblenz –
gest. 1925
Leipzig)

**Leipzig-
Zentrum-
West,
Käthe-Koll-
witz-Straße
64/66**

„Lackhalbschuhe für den Gesellschaftsanzug", „Tropenhut" und „Reisemütze", ein „vollständiges Bett" und ein „eigenes Waschbecken" empfahl der Baedeker-Band „Indien" (1914) seinen Lesern als notwendige Reiseutensilien.

Mit seinen akribisch recherchierten ‚roten' Reiseführern hatte der Karl Baedeker Verlag eine international bekannte Marke etabliert – bis heute, so die Eigenwerbung des Verlags, der „berühmteste Reiseführer der Welt".

Verlagsgründer war Karl Baedeker (1801–1859), der 1827 in Koblenz eine Verlagsbuchhandlung eröffnet und mit der Publikation von Reiseführern begonnen hatte. Erst seine Söhne Fritz und Karl Baedeker d.J. – der älteste Bruder Ernst (geb. 1833) war schon 1861 verstorben – jedoch siedelten, nach Verkauf der Koblenzer Buchhand-

lung, mit dem Verlag im Mai 1872 nach Leipzig über, Deutschlands führende Verlags- und Buchhandelsstadt, in der so bedeutende Verleger wie Brockhaus, Reclam und >> Hermann Julius Meyer ansässig waren.

Während sich Karl Baedeker d.J. (1837–1911) aus Krankheitsgründen schon nach wenigen Jahren ins Privatleben zurückzog, baute Fritz Baedeker, der dritte und jüngste Sohn des Verlagsgründers und seit 1869 Geschäftsführer, das Unternehmen mit deutschen, englischen und französischsprachigen Reiseführern weiter aus. U.a. erschienen „Palästina und Syrien" (1875), „Ägypten" (1877), „Schweden und Norwegen" (1879), „Russland" (1883), „Nordamerika" (1893), „Spanien und Portugal" (1897) und ab 1920 auch Bände über ausgewählte deutsche Regionen.

Als äußeres Zeichen seines wirtschaftlichen Erfolgs und sozialen Status ließ sich Fritz Baedeker 1874/75 von Baudirektor Hoffmann die repräsentative Neobarock-Villa in bester Leipziger Stadtlage in der Käthe-Kollwitz-Straße errichten. Er lebte hier mit seiner Frau Flóry, geb. Landfermann (1849–1916), und den gemeinsamen fünf Kindern. Neben dem nur wenige hundert Meter entfernten ehemaligen Wohnsitz des Lexikon-Verlegers Meyer in der Käthe-Kollwitz-Straße 115 ist sie eine der letzten Leipziger Verleger-Villen, die noch erhalten sind. Nach Zweckentfremdung als Jugendherberge und jahrelangem Leerstand konnte das heruntergekommene Gebäude 2008 saniert und als Klinik neu eingerichtet werden.

Nach seinem Tod im Jahr 1925 – wie andere Mitglieder der Familie ruht Fritz Baedeker auf dem Leipziger Südfriedhof – leiteten seine Söhne Hans, Ernst und Dietrich den Verlag – bis das Verlagshaus in der Nürnberger Straße 46/ Ecke Brüderstraße im Dezember 1943 durch einen Luftangriff zerstört wurde.

Der erste aufgelegte ‚Nachkriegsband' des Baedeker Verlags hieß „Leipzig". ∎

Linke Seite: Die neobarocke Villa gehörte Fritz Baedeker, dem Sohn des berühmten Verlagsgründers

August **BEBEL**

**Sozialdemo-
kratischer
Politiker**
(geb. 1840
Deutz/heute
zu Köln –
gest. 1913
Passugg bei
Chur)

**Leipzig-
Zentrum-
Nordwest
(Waldstraßen-
viertel),
Gustav-Adolf-
Straße 14**

August Bebel, Mitbegründer und Symbolfigur der Sozialdemokratie im 19. Jahrhundert, kam Anfang Mai 1860 als Wandergeselle nach Leipzig. Er war gelernter Drechsler; das gewünschte Bergbaustudium hatte er sich als Sohn eines schlechtbesoldeten Unteroffiziers nicht leisten können. In Leipzig fand Bebel Arbeit bei einem Drechslermeister und eine erste Wohnung in der Ostvorstadt, Lange Straße 18. Schon bald begann er, sich politisch zu engagieren. Seine Herkunft aus ärmlichen Verhältnissen, durch die er mit den Nöten einfacher Menschen vertraut war, gab wohl den Impuls für sein politisches Interesse.

Bebel hatte führende Ämter im Leipziger Arbeiterbildungsverein inne, war ab 1867 Präsident des Verbandes Deutscher Arbeitervereine und ab 1871 Reichstagsabgeordneter der Sozialdemokratischen Arbeiterpartei, die ab 1875 Sozialistische Arbeiterpartei und ab 1890 Sozialdemokratische Partei Deutschlands (SPD) hieß.

*Im Dachgeschoss
des Hauses lebten
August und Julie
Bebel von 1866 bis
1868 als junges
Ehepaar. Im selben
Haus wurde 1867
der Karikaturist
Thomas Theodor
Heine geboren.
Rechts das
Wohnhaus von
>> Gustav Mahler*

Für seine politische Überzeugung saß er mehrfach im Gefängnis, u.a. von 1872 bis 1874 mit seinem Freund und Förderer >> Wilhelm Liebknecht in Festungshaft auf Schloss Hubertusburg in Sachsen. Während der Haft – er hatte keine Arbeitspflicht und erhielt Zugang zu Lektüre – entstanden Bebels wichtigste Schriften, darunter „Die Frau und der Sozialismus", ein Zukunftsbild von der weiblichen Gleichberechtigung in der sozialistischen Gesellschaft (1879) – sein Hauptwerk und größter schriftstellerischer Erfolg.

August Bebel, 1886

Um den Familienunterhalt zu sichern – Bebel war seit 1866 mit Julie, geb. Otto (1843–1910), der Tochter eines Leipziger Transportarbeiters verheiratet, mit der er die gemeinsame Tochter Friederike (1869–1948) hatte –, wurde er Unternehmer. Ab Mitte der 1860er-Jahre betrieb

er im Hof des heutigen Messehauses „Drei Könige" in der Leipziger Petersstraße 18, wo er ab 1868 auch wohnte, eine eigene Drechslerwerkstatt zur Herstellung von Tür- und Fenstergriffen aus Büffelhorn. Eine Türklinke aus seiner Wohnung befindet sich heute im Stadtgeschichtlichen Museum.

1876 erwarb er Wohnhaus und Grundstück in der Hauptmannstraße 2, auf dem er mit seinem politischen Weggefährten Ferdinand Ißleib eine kleine Fabrik unterhielt – bis er im Zuge der Sozialistenverfolgungen Ende Juni 1881 aus Leipzig ausgewiesen wurde. (Wohnhaus und Fabrik sind heute zerstört.)

Mit Liebknecht lebte Bebel nach seiner Ausweisung zunächst in Borsdorf bei Leipzig. Im sächsischen Plauen, seit 1890 in Berlin und zuletzt in Küsnacht bei Zürich konnte er seine politische Laufbahn, entgegen aller Hindernisse und Repressalien, denen die SPD seinerzeit ausgesetzt war, erfolgreich fortsetzen. ◼

Adolf **BLEICHERT**

**Ingenieur,
Fabrikant
für Drahtseil-
bahnen**
(geb. 1845 Des-
sau – gest.
1901 Davos)

**Leipzig-
Gohlis-Süd,
Lützow-
straße 19**

Einst bedeutender Industriestandort, jetzt Ruine: Die Werksgebäude der Firma Bleichert auf dem Gelände zwischen S-Bahnhof Gohlis, Lützow-, Wilhelm-Sammet- und Geibelstraße stehen heute leer und verfallen.

Das Unternehmen war einst die größte Drahtseilbahnfabrik weltweit, ihr Inhaber Adolf Bleichert galt als Erfinder des deutschen Drahtseilbahnsystems. Mit seinem Schwager, dem Kaufmann Peter Heinrich Piel, hatte der studierte Maschinenbauingenieur 1876 die „Adolf Bleichert & Co. Fabrik für Drahtseilbahnen" gegründet und fünf Jahre später von Neuschönefeld nach Leipzig-Gohlis verlegt. Er produzierte Drahtseilförderbahnen für den Transport von Baumaterialien und bald auch Seilbahnen zur Personenbeförderung; bis 1899 hatte er bereits 1000 Stück in alle Welt geliefert.

Bleichert kam aus einfachen, jedoch nicht mittellosen Verhältnissen. Sein Vater August, der vom kleinen Mühlengehilfen zum Mühlenpächter aufgestiegen war, hatte 1856 vom Rat der Stadt Leipzig die Gohliser Mühle übernommen (eine 1908 abgebrochene Wassermühle mit Mahl- und Sägebetrieb) und genügend Wohlstand erworben, um seinem Sohn, dem einzigen unter vier Töch-

Ein Musterbeispiel historistischer Architektur: die 1890/91 durch Pfeifer & Händel errichtete Unternehmer-Villa. Im Hintergrund die Kuppel des einstigen Verwaltungsgebäudes der Bleichert-Werke. Heute dient die nach dem in der NS-Zeit hingerichteten Bleichert-Mitarbeiter Heinrich Budde benannte Villa als sozio-kulturelles Zentrum

tern, ein Studium zu ermöglichen.

Als sichtbare Demonstration seines sozialen Status und seiner wirtschaftlichen Macht ließ sich Adolf Bleichert 1881 in der Gohliser Lützowstraße in unmittelbarer Nähe seiner Werksanlagen nieder – für einen Industriepionier seiner Zeit ganz selbstverständlich. Das Grundstück war damals noch mit einer älteren Villa bebaut, die Bleichert zunächst erweiterte. Erst neun Jahre später ließ er das Gebäu-

Adolf Bleichert

de abreißen, um die nach seiner Frau Hildegard benannte „Villa Hilda" zu errichten: ein standesgemäßer Prachtbau im Stil eines italienischen Palazzo im damals angesagten Mix aus Renaissance und Barock, mit üppigem Dekor, Säulenbalkon, steinernen Löwen und Freitreppe, Wintergarten und Glaskuppel sowie einem parkartigen Garten mit Gewächshaus und Zierbrunnen.

Im Alter von nur 56 Jahren starb der Tbc-kranke Unternehmer während einer Kur im schweizerischen Davos und wurde im Familiengrab Bleichert/Piel auf dem Gohliser Friedhof beigesetzt. Max und Paul, die ältesten sei-

Hauseingang

ner acht Kinder, führten das Unternehmen weiter. Bis zum Ausbruch des Zweiten Weltkriegs war es der größte Seilbahnhersteller weltweit. Noch zu DDR-Zeiten wurde das Werk als „VEB Verlade- und Transportanlagen" (VTA) betrieben, bis es 1991, zwei Jahre nach der politischen Wende, abgewickelt wurde. ■

Ernst **BLOCH**

Philosoph
(geb. 1885
Ludwigs-
hafen/Rhein –
gest. 1977
Tübingen)

**Leipzig-
Schleußig,
Wilhelm-
Wild-Straße 8**

„Die Vorlesung von Professor Bloch fällt heute aus." Mit diesem lapidaren Aushang am Schwarzen Brett des Philosophischen Instituts erfuhren die Studenten der Leipziger Karl-Marx-Universität am 21. Januar 1957 von der Entlassung ihres Lehrers Ernst Bloch.

Acht Jahre zuvor, noch im US-amerikanischen Exil – als Jude und Marxist hatte Bloch Deutschland nach der NS-Machtergreifung verlassen –, war er als Philosophie-professor nach Leipzig berufen worden. Nicht nur mit seinen Vorlesungen zur Geschichte der Philosophie, auch durch seine faszinierende persönliche Ausstrahlung ge-wann er rasch große Sympathien bei seinen Studenten, die er trotz seiner 64 Jahre „allesamt an Jugendlichkeit übertraf", wie sein Schüler und Freund Jürgen Teller spä-ter berichtete.

Mit der DDR-Obrigkeit allerdings kam es bald zu Spannungen. Obwohl selbst überzeugter Marxist, wendete sich Bloch gegen das stur auf den Materialismus ausgerichtete Philosophieverständnis der DDR. Ihm wiederum wurden „starke humanistische und progressive Tendenzen" und „eine idealistische, vom wirklichen Leben und Kampf der Werktätigen losgelöste" Lehre vorgeworfen – unüberbrückbare Differenzen, die nach der Niederschlagung des Ungarnaufstands im Jahr 1956 eskalierten, da Bloch das brutale Eingreifen der Sowjetarmee scharf verurteilte. Bloch, einst als prominenter Intellektueller ins Land gerufen, wurde zum Sommersemester 1957 wegen ‚Staatsfeindlichkeit' zwangsemeritiert. Eine Reihe seiner Studenten, die seiner Entlassung nicht zugestimmt hatten, mussten die Universität verlassen; einige kamen ins Gefängnis. Blochs Werke wurden nicht mehr veröffentlicht. Den dritten Band seines berühmten Hauptwerks „Das Prinzip Hoffnung" – Band 1 und 2 waren 1954/55 erschienen – publizierte der Ostberliner Aufbau Verlag erst 1959, nachdem Bloch Kontakt zum westdeutschen Suhrkamp Verlag aufgenommen hatte.

Ernst Bloch

Als sie 1961 während eines Aufenthaltes in Oberbayern vom Mauerbau erfuhren, kehrten Bloch und seine Frau Karola nicht nach Leipzig zurück. Im September schrieb er an den Präsidenten der Deutschen Akademie der Wissenschaften zu Berlin/DDR: „Nach den Ereignissen vom 13. August, die erwarten lassen, daß für selbständig Denkende überhaupt kein Lebens- und Wirkungsraum mehr bleibt, bin ich nicht mehr gewillt, meine Arbeit und mich selber unwürdigen Verhältnissen und der Bedrohung, die sie allein aufrechterhalten, auszusetzen."

Im Alter von 76 Jahren trat Bloch in Tübingen eine neue Professur an und lehrte dort weitere sechzehn Jahre. ■

Linke Seite: In der Sechs-Zimmer-Villa lebte Bloch von 1949 bis 1961 mit seiner dritten Ehefrau, der polnischen Architektin Karola Piotrkowska (1905–1994), und Sohn Jan Robert – durch Abhöranlagen von der Stasi bespitzelt

Georg Heinrich **BOSE**

Kaufmann
(geb. 1682 –
gest. 1732
vermutlich
Leipzig)

**Leipzig-
Zentrum,
Thomas-
kirchhof 16,
„Bosehaus"**

*Georg Heinrich
Bose – porträtiert
durch den Bildnis-
maler David Hoyer
(1710), der auch
das Leipziger
Romanuspalais
mit Wandgemäl-
den ausstattete*

Der Kaufmann Georg Heinrich Bose ist heute nur noch als Freund und Nachbar von Johann Sebastian Bach bekannt. Als Gold- und Silberwarenhändler reich geworden, erwarb er um 1710 das heute nach ihm benannte Haus am Thomaskirchhof und ließ den Renaissancebau aus dem Jahr 1586 – Portal, Eingangshalle und Kastenerker sind Originale aus dieser Zeit – durch den Leipziger Maurermeister Nikolaus Rempe barock umgestalten. Das Mansarddach wurde aufgesetzt und die Hinter- und Seitentrakte, ursprünglich aus Fachwerk, als großzügige Hofanlage neu errichtet. Bis auf das 1859 um ein Stockwerk erhöhte Vorderhaus entspricht der Komplex noch heute dem Umbau aus Boses Ära.

Bach, der von 1723 bis zu seinem Tod im Jahr 1750 als Kantor an der Thomaskirche tätig war, lebte gegenüber in der alten Thomasschule (1901/02 abgerissen, heute dort Pfarramt St. Thomas aus den Jahren 1902/03).

*Einst Haus und
Handelshof des
Kaufmanns Georg
Heinrich Bose,
heute Bachmu-
seum und -archiv*

Bose war mit Bach nicht nur eng befreundet – er war fünffacher Pate seiner Kinder –, sondern schätzte auch dessen Musik. Im 1717 eingebauten Fest- und Musiksaal des Bose-Hauses – mit hinter einem Deckengemälde versteckter Schallkammer, die damals eine Neuheit in Leipzig war – führte Bach vermutlich auch eigene Kompositionen auf. ∎

Hanns **EISLER**

In diesem Haus wurde Hanns Eisler am 6. Juli 1898 als jüngstes von drei Kindern in bescheidene materielle Verhältnisse hinein geboren. Sein Vater Rudolf (1873–1926) war ‚freischaffender' Philosoph – er hatte an der Leipziger Universität bei dem bekannten Psychologen und Philosophen Wilhelm Wundt studiert –, die Mutter eine Leipziger Fleischertochter. Als Eisler drei Jahre alt war, zog die Familie nach Wien, wo er aufwuchs und die österreichische Staatsbürgerschaft annahm, die er zeitlebens behielt.

Eisler, einst Schüler des Wiener Avantgarde-Komponisten Arnold Schönberg, galt als Hauptvertreter der kommunistischen Musikbewegung („Karl Marx der Musik"). Für zahlreiche Stücke seines Weggefährten Bertolt Brecht, darunter „Die Maßnahme" (1932) und „Galileo Galilei" (1947), verfasste er die Bühnenmusik. Er komponierte außerdem Kampflieder, politische Chansons wie das berühmte „Stempellied" für den Arbeitersänger Ernst Busch und Songs für Arbeiterchöre und die Agitprop-Bewegung – bis er Deutschland als Kommunist und Jude 1933 verlassen musste.

Wie viele andere linke Emigranten ließ er sich nach seiner Rückkehr aus dem US-amerikanischen Exil in der DDR nieder, kehrte jedoch nicht nach Leipzig zurück, sondern lehrte seit 1950 an der heute nach ihm benannten Hochschule für Musik in Ost-Berlin. ■

Komponist
(geb. 1898 Leipzig – gest. 1962 Berlin/DDR)

Leipzig-Zentrum-Ost, Hofmeister-straße 14

Hanns Eisler

Eislers Geburtshaus steht leer und verfällt

Hans **FALLADA**

Schriftsteller
(geb. 1893
Greifswald –
gest. 1947
Berlin/DDR)

**Leipzig-
Südvorstadt,
Schenkendorf-
straße 61**

Hans Fallada – eigentlich Rudolf Ditzen – kam im März 1909 aus Berlin nach Leipzig, da sein Vater Wilhelm als Jurist an das Reichsgericht berufen worden war. Die Familie – Fallada war das dritte von vier Geschwistern – bezog eine standesgemäße Wohnung in der Schenkendorfstraße. Im gleichen Jahr gründete >> Ernst Rowohlt in Leipzig seinen Verlag, zu dessen Starautoren Fallada später gehören würde.

Für den sechzehnjährigen Fallada, nach eigenem Bekunden ein sprichwörtlicher Pechvogel, begann zunächst eine Phase persönlicher Krisen. Drei Monate nach seiner Ankunft erlitt er einen schweren Unfall, bei dem er mit dem Fahrrad unter ein Fuhrwerk geriet. Erhebliche Pubertätsprobleme belasteten das Familienleben: Fallada unternahm mehrere Selbstmordversuche, wollte sich vergiften, sich die Kehle durchschneiden und sich erhängen. Dass Suizide unter Gymnasiasten seinerzeit häufig auftraten – auch unter seinen Mitschülern am Königin-Carola-Gymnasium gab es damals eine Selbstmordwelle – minderte das Unverständnis seiner Eltern nicht. Im Sommer 1911 wurde er in einem Internatsgymnasium im thüringischen Rudolstadt untergebracht. „Ich war nicht mehr daheim bei uns im Haus meiner Eltern [...] und ich freute mich dessen", berichtet Fallada rückblickend in seinen 1941 erschienenen Erinnerungen „Damals bei uns daheim".

Auch sein späteres Leben bestimmten immer wieder Zeiten psychischer Krisen, die er mit massivem Drogenkonsum zu kompensieren versuchte. Stabile und kreative Phasen wechselten mit Entziehungskuren und Sanatoriumsaufenthalten, zweimal saß er wegen Unterschlagung im Gefängnis. Genauso unruhig war Falladas beruflicher Lebensweg als Landarbeiter, Kartoffelzüchter, Buchhalter, Adressenschreiber, Annoncenwerber, Lokalredakteur und kurzzeitiger Bürgermeister im mecklenburgischen Feldberg (1945), in dessen Ortsteil Carwitz er

sich, inzwischen mit eigener Familie, 1933 niedergelassen hatte.

Trotz aller persönlichen Schwierigkeiten gehörte er zu den Erfolgsschriftstellern seiner Zeit. In seinen anrührenden sozialkritischen Romanen, darunter der Weltbestseller „Kleiner Mann – was nun?" (1932), eine Geschichte über die Nöte eines Angestellten und seiner jungen Familie während der Weltwirtschaftskrise, und „Jeder stirbt für sich allein" (1947), der erste antifaschistische

Fallada als Schüler, um 1911

Roman der Nachkriegszeit, schildert er einfühlsam und authentisch das Leben ‚kleiner Leute'. „[...] nichts hat mich so interessiert", schrieb Fallada später, „wie die Erkenntnis, warum Menschen so handeln wie sie handeln. Mein sonst schlechtes Gedächtnis ist ausgezeichnet für jede Einzelheit, für die kleinsten Tatsachen, die ich über die Lebensgewohnheiten meiner Mitmenschen erfahre. Ich bin ein Menschensammler." ■

Großbürgerliches Wohnen: In dem 1890/91 erbauten Mietshaus hatte Falladas Familie ab 1909 eine Acht-Zimmer-Wohnung, die sich über Erdgeschoss und erste Etage erstreckte

Christian Gottlob **FREGE** d.J.

**Kaufmann,
Bankier**
(geb. 1747 –
gest. 1816
vermutlich
Leipzig)

**Leipzig-
Zentrum,
Katharinen-
straße 11,
„Fregehaus"**

Seinen Namen verdankt das Fregehaus nicht dem Gründer der berühmten Leipziger Handelsdynastie Christian Gottlob Frege d.Ä. (1715 – 1781), sondern dessen zweitem Sohn, dem Bankier Christian Gottlob Frege d.J.

Wie das Haus von » Georg Heinrich Bose am Thomaskirchhof war auch der ehemalige Wohnsitz Freges ursprünglich ein Renaissance-Handelshof und mit einer vermuteten Bauzeit um 1535 sogar etwas älter als dieser. Aus der Entstehungszeit sind u.a. das Sitznischenportal und die kreuzgratgewölbte Erdgeschossdurchfahrt erhalten.

Der nicht weiter bekannte Kaufmann Gottfried Otto kaufte es 1705 und ließ es durch Johann Gregor Fuchs, der auch das Stadtpalais für » Franz Conrad Romanus erbaute, barock umgestalten. Frege erwarb den Gebäudekomplex 1782 und nahm weitere Veränderungen vor.

*Das barocke
Wohn- und
Geschäftshaus
der Handels-
dynastie Frege*

Die Familie Frege war eine der reichsten Kaufmannsfamilien Leipzigs. Christian Gottlob Frege d.Ä. hatte zunächst bescheiden mit dem Handel getrockneter Früchte

begonnen, bevor er mit sicherem kaufmännischen Instinkt für lohnende Investitionen nach und nach ein florierendes Handels- und Bankunternehmen aufbaute. Neben Warenhandel betrieb er ein Münzwechsel-Geschäft – in der internationalen Handels- und Messemetropole Leipzig ein krisensicheres Gewerbe –, erwarb Anteile an erzgebirgischen Kupfer- und Silberminen und kaufte außerdem Land und Immobilien. Als Christian Gottlob Frege d.J. die Geschäfte seines Vaters übernahm, war das Fregesche Unternehmen hochangesehen. Zu seinen Bankkunden gehörten Prominente wie der Naturforscher Alexander von Humboldt, der preußische Politiker Freiherr vom Stein und Goethe, dessen Geschäftsbriefe an das Leipziger Bankhaus zum Teil noch erhalten sind.

Christian Gottlob Frege d.J. (Gemälde von Anton Graff, um 1790)

Die Söhne Christian Ferdinand (1780 – 1821) und Christian Gottlob Frege III (1778 – 1855), dessen Schwiegertochter die bekannte Sopranistin und Mendelssohn-Freundin Livia Frege (1818 – 1891) war, führten die Firma erfolgreich weiter.

Das Haus in der Katharinenstraße blieb bis 1945 Sitz der Privatbank und bis 1976 Zentrale des Handelsunternehmens der Familie. Die Firmenleitung befand sich in der Beletage, der einstige Tresorraum soll noch vorhanden sein. Heute gehört das Fregehaus zu den wenigen erhaltenen Barockpalais in Leipzig.

Viele Mitglieder der Familie wurden auf dem inzwischen aufgelassenen Leipziger Alten Johannisfriedhof bestattet.

Ein Nachfahre ist übrigens Andreas Frege – bekannt als Campino, Sänger der Musikgruppe „Die Toten Hosen". ■

Carl Friedrich **GOERDELER**

Jurist, Politiker, NS-Widerstands-kämpfer, Oberbürger-meister von Leipzig (geb. 1884 Schneidemühl bei Posen, heute Pila in Polen – hingerichtet 2. Februar 1945 Berlin-Plötzensee)

Leipzig-Leutzsch, Rathenau-straße 23

Sechs Jahre lang, von 1930 bis 1936, war Carl Friedrich Goerdeler Oberbürgermeister von Leipzig. Weit über die Stadt hinaus ist er als zentrale Persönlichkeit des bürgerlich-militärischen Widerstands gegen die NS-Diktatur in Erinnerung.

Der national-konservative Verwaltungsjurist hatte zunächst mit dem Nationalsozialismus sympathisiert – er teilte die Geringschätzung der parlamentarischen Demokratie und die Ablehnung des Versailler Vertrags – und gehörte zu den wenigen deutschen Oberbürgermeistern, die sich nach der NS-Machtergreifung im Amt halten konnten, trotz seiner wachsenden Kritik an Rüstungspolitik, Antisemitismus und Judengesetzen.

Anfang Dezember 1936 jedoch trat er als Leipziger Oberbürgermeister spontan zurück – aus Protest gegen die Entfernung des Denkmals für den jüdischen Komponisten ›› Felix Mendelssohn Bartholdy vor dem Leipziger Gewandhaus, den die NSDAP verfügt hatte. „Mendelssohn-Lieder haben wir alle mit Entzücken gehört und auch gesungen", schrieb Goerdeler später im Gefängnis. „Mendelssohn zu verleugnen wäre feige und lächerlich gewesen. [...] Vor aller Welt hatte ich mit meinem Abschied gegen den Sturz des Mendelssohn-Denkmals protestiert."

In der folgenden Zeit wurde Goerdeler zum „Herz der Widerstandsbewegung", so sein Mitverschwörer General Ludwig Beck, der sie „durch alle Täler und Tiefen hindurchtrieb und niemals verzweifelte." Auf Auslandsreisen warnte er wiederholt vor Hitlers Kriegsvorbereitungen, in der Heimat war er unablässig an der Ausarbeitung von Staatsstreichplänen beteiligt. Die Tötung Hitlers lehnte Goerdeler, der nach dem Sturz des NS-Regimes Regierungschef werden sollte, aus moralischen Gründen zunächst ab, befürwortete aber später Graf von Stauffenbergs Attentatspläne: „Ich decke nicht das Attentat. Aber es tritt hinter dem, was an unserm Volk und anderen Völkern verbrochen ist, vollkommen zurück. In Wahrheit handelt es sich um einen großen, verzweifelten Versuch, das Vaterland und die Welt aus dem entsetzlichen Unglück zu retten, in das menschliche Schuld sie versetzt hat. Diejenigen, die diesen Versuch gewagt haben, sind keine Verbrecher."

Carl Friedrich Goerdeler

Nach dreiwöchiger Flucht wurde Goerdeler am 12. August 1944 in Westpreußen verhaftet, als Mitverschwörer des Hitlerattentats vom 20. Juli 1944 zum Tode verurteilt und am 2. Februar 1945 in Berlin-Plötzensee hingerichtet. Im Gefängnis hatte er seine „Gedanken eines zum Tode Verurteilten" niedergeschrieben: ein 200-seitiges Manuskript mit Plänen für die Zukunft Deutschlands und eine Weltfriedensordnung.

Goerdeler hinterließ seine Frau Anneliese, geb. Ulrich (1888–1961), und fünf gemeinsame Kinder, die erst nach Ende des Zweiten Weltkriegs aus der „Sippenhaft" im KZ Dachau befreit wurden. ■

Die Bürgervilla aus dem Jahr 1900 mit schöner, teilweise erhaltener Jugendstil-Ausstattung war von 1930 bis 1944 Wohnsitz der Familie Goerdeler

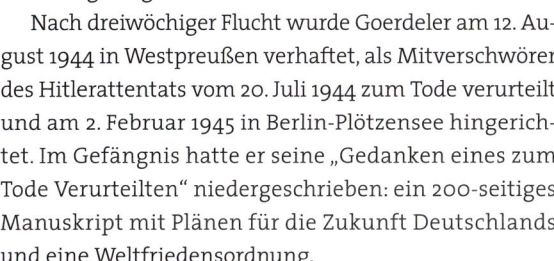

Ferdinand GOETZ

Mitbegründer der deutschen Turnerschaft, Arzt, Politiker (geb. 1826 Leipzig – gest. 1915 Leipzig)

Leipzig-Lindenau, Lützner Straße 11, „Goetz-Haus"

Ferdinand Goetz war Arzt, aber das Engagement für den Volkssport war seine Passion. Heute weit weniger bekannt als „Turnvater" Friedrich Ludwig Jahn (1778–1852), galt er seinerzeit als eine der prominentesten Persönlichkeiten der deutschen Turnbewegung. 55 Jahre lang war er Geschäftsführer und Vorsitzender der Deutschen Turnerschaft. Er leitete die Deutsche Turnzeitung und veröffentlichte zahlreiche Schriften zum Turnwesen, darunter das „Handbuch der deutschen Turnerschaft" (1879), die „Anleitung für den Bau und die Einrichtung deutscher Turnhallen" (1897) sowie den Ratgeber „Alt werden und jung bleiben" (1912). Sein medizinisches Wissen kam ihm dabei zugute.

Goetz hatte an der Leipziger Universität Medizin studiert – bis er aus seiner Heimatstadt flüchten musste, da ihm wegen Beteiligung an der 1848er-Revolution politische Verfolgung und Haft drohte. Im Frühjahr 1855

kehrte er zurück – die vergangenen Jahre hatte er als praktischer Arzt in der sächsischen Kleinstadt Geithain gearbeitet – und ließ sich als Arzt in der damals noch selbstständigen Gemeinde Lindenau nieder, wo er als „Töppchendoktor von Lindenau" bekannt wurde: Bei seinen Krankenbesuchen warf er stets einen Blick in die Kochtöpfe seiner Patienten, um Hinweise auf mögliche Krankheitsursachen zu finden.

Ferdinand Goetz

Goetz war auch politisch aktiv, er war Mitglied des Lindenauer Gemeinderats und initiierte mit dem Unternehmer >> Carl Heine zahlreiche Bürger- und Sozialvereine. Von 1867 bis 1870 saß er im Norddeutschen Reichstag, von 1887 bis 1890 als nationalliberaler Abgeordneter im Deutschen Reichstag in Berlin. Von ‚seiner' Turnbewegung allerdings wollte er

politische Einflüsse fernhalten. Wie vor ihm „Turnvater Jahn" lehnte er die späteren Arbeiter-Turnbewegungen der Sozialdemokraten entschieden ab.

Linke Seite: Eines der letzten Zeugnisse des ehem. Dorfes Lindenau: Goetz' langjähriges Wohnhaus. Das 1823 erbaute, 2001 sanierte Gebäude beherbergt heute neben einem Restaurant eine Goetz-Gedenkstätte

Mit seiner Familie – Goetz war 62 Jahre lang mit der Arzttochter Minna, geb. Dornblüth (1828–1917), verheiratet, mit der er vier Kinder hatte – lebte er seit 1855 in dem ländlichen Biedermeierhaus in der Lützner Straße 11, das sein Bruder Heinrich gekauft und ihm überlassen hatte.

Aufgewachsen war Goetz als achtes Kind eines Oberzollinspektors im Steueramtsgebäude in der Gerberstraße im Leipziger Zentrum nahe des heutigen Hauptbahnhofs.

Auf dem Südfriedhof fand der aktive Arzt und Politiker, der am 13. Oktober 1915 im Alter von 89 Jahren in seinem Lindenauer Haus verstarb, seine letzte Ruhe. ■

Edvard **GRIEG**

Komponist, Dirigent
(geb. 1843
Bergen/
Norwegen –
gest. 1907
Bergen/
Norwegen)

**Leipzig-Zentrum-Südost,
Talstraße 10**

Als Edvard Grieg im Herbst 1858 nach Leipzig kam, um am angesehenen, von >> Felix Mendelssohn Bartholdy gegründeten Konservatorium Klavier und Musiktheorie zu studieren, ahnte noch niemand, dass er einst als ‚Nationalkomponist' Norwegens berühmt werden würde. Der schüchterne, bei seiner Ankunft erst 15-jährige Grieg fand weder gesellschaftlichen Anschluss in Leipzig – allerdings folgte ihm sein Bruder John, um am Konservatorium Cello zu studieren – noch fühlte er sich hier nach eigenem Bekunden sonderlich wohl. Er zeigte sich aber bald als musikalische Begabung ersten Ranges und absolvierte 1862 ein hervorragendes Examen. Als besondere Auszeichnung durfte er bei einem Gewandhauskonzert einige seiner ersten Kompositionen vortragen: „Vier Lieder für Altstimme und Klavier" (nach Texten von Adelbert von Chamisso und Heinrich Heine), „Neun Kinderstücke für Klavier" und das „Streichquartett in d-Moll". Während seiner zahlreichen Konzertreisen als Dirigent der Orchester von Oslo und Bergen sowie als Interpret

seiner eigenen Werke, kehrte Grieg in späteren Jahren immer wieder zu ausgedehnten Aufenthalten nach Leipzig zurück, obwohl er anfangs hartnäckig bekundete, Leipzig zu hassen und auf dem Konservatorium nichts gelernt zu haben. Inzwischen selbst prominent, traf er mit der Leipziger Star-Pianistin ≫ Clara Schumann und seinen Kollegen Johannes Brahms und Peter Tschaikowski zusammen.

Die Grieg-Büste von Felix Ludwig im Garten des Wohnhauses

Mit dem renommierten Leipziger Musikverlag C. F. Peters, der Griegs Talent früh erkannt und schon seine ersten Kompositionen publiziert hatte, schloss er 1889 einen Generalvertrag über das alleinige Recht zur Publikation seiner musikalischen Werke. Im Haus seines Verlegers Max Abraham (1831–1900) und dessen Nachfolger Henri Hinrichsen (1868–1942 ermordet im KZ Auschwitz) in der Talstraße standen Grieg und seiner Frau Nina, geb. Hagerup (1845–1935), einer bekannten Sängerin, bei ihren Leipzig-Besuchen stets eine kleine Dachgeschosswohnung zur Verfügung. Hier entstand 1888 Griegs erste „Peer Gynt"-Suite

Foyer

op. 46, die im Leipziger Gewandhaus uraufgeführt wurde. Sie wurde als Auszug aus seiner Schauspielmusik für das Drama „Peer Gynt", ein Stück seines Landmanns Henrik Ibsen, weltbekannt und zählt heute, neben der drei Jahre später verfassten zweiten „Peer Gynt"-Suite op. 55 und seinem Stück „Aus Holbergs Zeit" op. 40, zu seinen populärsten und bis heute häufig gespielten Werken – eine Musik, von der Claude Debussy sagte, sie habe „die eisige Frische der nordischen Seen, das heftige Feuer des plötzlich hereinbrechenden nordischen Frühlings". ∎

Linke Seite: Das palastartige Haus wurde 1874 nach Plänen von Otto Brückwald, dem Architekten des Bayreuther Festspielhauses, für den Musikverlag C. F. Peters erbaut. In der ersten Etage, der ehemaligen Wohnung des Verlagsleiters Max Abraham, befindet sich heute eine „Grieg Gedenk- und Begegnungsstätte"

Fritz von **HARCK**

**Kunst-
historiker,
Kunst-
sammler,
Mäzen**
(geb. 1855
Leipzig –
gest. 1917
Leipzig)

**Leipzig-
Zentrum-
West
(Musikviertel),
Karl-Tauch-
nitz-Straße 6**

„Ich habe nie einen Menschen gefunden, der es wie Harck verstanden hätte, alle Pracht der Welt mit so feinem Sinn für Form und Farbe in seinen Wohnräumen zu vereinen und diesen dennoch den Charakter des protzigen oder museumshaften fernzuhalten [...]", schrieb sein Freund und Berufskollege Max Lehrs 1917. Im Roten Salon, im Blauen Zimmer, im Speisesaal und anderen Räumen seiner Leipziger Villa vereinte Fritz von Harck Gemälde Alter Meister, internationales Kunsthandwerk, Antiquitäten, Orientteppiche und Gobelins.

Als einziges Kind des vermögenden Leipziger Kaufmanns, Stadtrats und Kunstsammlers Julius Harck (1827–1908) hatte er zunächst eine kaufmännische Lehre in einem Hamburger Überseegeschäft gemacht. Seine anschließende Tätigkeit im Berliner Bankhaus Frege & Co. jedoch gab er bald wieder auf, um in Wien und München Kunstgeschichte zu studieren und eine der bedeutendsten privaten Kunstsammlungen seiner Zeit aufzubauen – u.a. erworben während seiner jährlichen Italienaufenthalte mit Wilhelm von Bode, dem späteren Generaldirektor der Berliner Museen, sowie auf einer Weltreise in den Jahren 1884/85.

Einst idyllisch im Leipziger ‚Villenring' gelegen: die Villa Fritz von Harck (li.). Sie wurde 1895/96 nach Entwürfen des Architekten ›› *Max Pommer für von Harcks Vater erbaut. Im Hintergrund rechts das Neue Rathaus*

1908, nach dem Tod seiner Eltern, ließ sich von Harck mit seiner Frau Helene, geb. Schnitzler (1864–1944), wieder in seinem Leipziger Geburtshaus nieder. Im Sommer bewohnte er das sächsische Barockschloss Seußlitz, das ebenfalls schon seinen Eltern gehört hatte. Zu seinen langjährigen Jagdgästen zählte der sächsische König Friedrich August III., der ihm 1911 den erblichen Adelstitel verlieh.

Von Harck, der es verstand, Geschenken „den Anschein zu geben, als ob man […] ihm mit der Annahme die größte Freude bereite" (Max Lehrs), war einer der großen Mäzene Leipzigs. Einen Teil seiner Gemälde vermachte er dem Museum der bildenden Künste, darunter „Die sieben Lebensalter des Weibes" (1544) von Hans Baldung, gen. Grien, und „Der heilige Sebastian" von Ludovico Carracci. Auch die Porträt-Büste seines Vaters, ein Werk des Münchner Bildhauers Adolf von Hildebrand, ist dort zu sehen.

Kunstsammler und Mäzen: Fritz von Harck (Gemälde von Franz von Lenbach, 1879, Museum der bildenden Künste Leipzig)

Das Kunstgewerbemuseum (heute Grassi-Museum für angewandte Kunst) erbte von Harcks kunsthandwerk-

liche Sammlung: Tiroler Renaissance-Engel, chinesische Deckelvasen, italienische Majolikagefäße und altdeutsche Bierkrüge.

Sein Schönefelder Grundeigentum und das im Leipziger Zentrum gelegene barocke Kaufmannshaus „Kochs Hof" (1943 zerstört) gingen ebenso an die Stadt wie – nach dem Tod seiner Frau – die Leipziger Villa. Vom Verkaufserlös seines Wohnsitzes sollte die Stadtverwaltung bedürftige Bürger unterstützen und das Stadtbild verschönern – so von Harcks nie umgesetzter testamentarischer Wunsch.

Er starb im Alter von 62 Jahren an einer unheilbaren Krankheit. ■

Carl HEINE

**Unternehmer,
Jurist,
Politiker**
(geb. 1819
Leipzig –
gest. 1888
Leipzig)

**Leipzig-
Schleußig,
Könneritz-
straße 1**

Wohl kaum ein Unternehmer hat mehr für Leipzig getan als Carl Heine. Er hatte seine Berufslaufbahn zwar als Rechtsanwalt mit eigener Kanzlei begonnen, bald aber praktische Herausforderungen vorgezogen. Als einer der großen Industriepioniere Sachsens widmete er alle Initiative und Tatkraft der städtebaulichen, ökonomischen und sozialpolitischen Entwicklung seiner Heimatstadt.

Carl Heine (später auch Karl Heine), der schon als Jugendlicher mittels unterirdischer Röhren eine Wiese entwässert hatte, ließ ab 1841 das sumpfige Gelände im Westen Leipzigs trockenlegen, parzellieren und als Bauland verkaufen: die Anfänge der Westvorstadt um die heutige Käthe-Kollwitz-Straße.

In den inzwischen eingemeindeten Dörfern Plagwitz und Lindenau förderte er die Ansiedlung von Fabriken, sodass hier in den 1850er-Jahren ein aufstrebendes Industriegebiet entstand: Baumwollspinnerei, Buntpapier- und chemische Werke. Auch Heine selbst gründete verschiedene Unternehmen, darunter eine Fabrik zur Herstellung ätherischer Essenzen und eine Waschanstalt, in der Leipziger Bürger, die in den schlecht ausgestatte-

ten Mietshäusern keine Gelegenheit zum Wäschewaschen hatten, Waschküchen mieten konnten. Mit der Anlage von Straßen, Dämmen, Brücken und Kanälen sorgte er für weitere städtebauliche Erschließung und vermehrtes wirtschaftliches Wachstum. Auf seine Initiative hin entstand ab 1859 auch der heute nach ihm benannte Karl-Heine-Kanal, der nach seinen Plänen bis zur Elbe ausgebaut werden sollte, um eine wirtschaftlich nutzbare Wasseranbindung Leipzigs zu gewährleisten.

Leipzigs großer Industriepionier Carl Heine

Nicht weniger engagiert war Heine als Politiker: Als Stadtverordneter und später auch als Reichstagsabgeordneter der liberalen Deutschen Fortschrittspartei setzte er sich für die Beseitigung sozialer Missstände ein und forderte u.a. vermehrte Bildungsmöglichkeiten für die ärmeren Bevölkerungsschichten und die Verbesserung der Wohnverhältnisse.

Heine, der aus zwei Ehen sieben Kinder hatte, lebte privat zurückgezogen, aufwändige Repräsentation und große Gesellschaften schätzte er nicht. Die Schleußiger Villa bezog er sechs Jahre nach seiner zweiten Heirat; zuvor hatte er ein Gutshaus in Plagwitz bewohnt (Ecke Eduardstraße/Zschochersche Straße), das nicht erhalten ist. Seine Kindheit hatte er in einem Haus auf dem Gelände des ehemaligen Reichelschen Gartens (heute Martin-Luther-Ring 13, Haus nicht mehr vorhanden) verbracht, als Sohn eines vermögenden Kaufmanns, der am Brühl eine Firma für englische Manufakturwaren besaß. Seine letzte Ruhestätte fand Heine, dessen Beerdigung unter großer Anteilnahme der Leipziger Bevölkerung stattgefunden hatte, auf dem ehemaligen Neuen Johannisfriedhof, dem heutigen Gelände des Grassi-Museums. Seine Grabplatte ist heute noch dort zu finden. ■

Linke Seite: Heines Neorenaissance-Villa – 1874 durch seine Mitarbeiter, den Ingenieur Hercher und den Maurermeister Steyer, direkt an der Könneritzbrücke errichtet. Diese war damals noch aus Holz und wurde erst 1896–99 durch die heutige Eisenkonstruktion ersetzt

Edgar Julius **HERFURTH**

**Zeitungs-
verleger**
(geb. 1865
Leipzig –
gest. 1950
Marktredwitz)

**Leipzig-
Zentrum-Süd
(Musikviertel),
Karl-Tauch-
nitz-Straße 11**

*Edgar Julius
Herfurth*

Die hochherrschaftliche Neorenaissance-Villa zeugt noch heute vom Wohlstand und der angesehenen Stellung Edgar Julius Herfurths. Sie wurde jedoch nicht für ihn selbst, sondern für den Leipziger Geologieprofessor Hermann Credner erbaut. Herfurth erwarb sie 1913.

Der Sohn eines Leipziger Tuchfabrikanten gründete 1892 mit seinem Bruder Paul (1855–1937) den Zeitungsverlag Edgar Herfurth & Co. und übernahm die „Leipziger Nachrichten", die sich unter dem Namen „Leipziger Neueste Nachrichten" binnen kurzer Zeit zur führenden Tageszeitung der Stadt entwickelten. Die Brüder gaben später u.a. auch die „Leipziger Abendpost" sowie den „Sport-Sonntag" heraus.

Darüber hinaus finanzierte Herfurth das erste Zeitungswissenschaftliche Institut der Universität Leipzig mit und unterstützte die Einrichtung des Instituts für Wirtschaftsjournalistik und Zeitungsbetriebslehre an der Handelshochschule.

1945 enteignet verbrachte Herfurth die letzten Lebensjahre in der oberfränkischen Stadt Marktredwitz, wurde jedoch auf dem Leipziger Südfriedhof bestattet.

Seine Leipziger Villa verfiel, bis sie 1996–98 von Peter Kulka, Architekt des Sächsischen Landtags in Dresden, als Galerie für zeitgenössische Kunst umgebaut wurde. Erhalten ist auch das „Weiße Haus" in Markkleeberg, die einstige Sommervilla von Paul Herfurth. ■

*Ein Werk der
Architekten
Karl Weichhardt
und Bruno Eelbo
aus den Jahren
1892–94*

Gustav **HERTZ**

Gustav Hertz

Gustav Hertz, ein Neffe des berühmten Hamburger Physikers Heinrich Hertz (1857–1894), dem Entdecker der elektromagnetischen Wellen, zählte zu Leipzigs prominentesten Professoren nach dem Zweiten Weltkrieg. Von 1954 bis zu seiner Emeritierung im Jahr 1961 leitete er das Physikalische Institut der damaligen Karl-Marx-Universität, lehrte Experimentalphysik und galt mit seinen Forschungen zur Kerntechnik als einer der einflussreichsten Physiker der DDR. Seit 1945 hatte er in der Sowjetunion in einem eigens für ihn geschaffenen Institut in Agutseri/Georgien die Gewinnung waffentauglichen Urans erforscht.

Physiker
(geb. 1887
Hamburg –
gest. 1975
Berlin/DDR)

Leipzig-Leutzsch, Grabaustraße 11

Hertz besaß schon seit den 1920er-Jahren einen ausgezeichneten wissenschaftlichen Ruf. Gemeinsam mit seinem Freund und Kollegen James Franck hatte er für die Anregung von Atomen durch Elektronenstöße („Franck-Hertz-Versuch") 1925 den Physik-Nobelpreis erhalten.

Das Wohnhaus des prominenten Physikers und Nobelpreisträgers

Seiner Karriere als Hochschullehrer allerdings hatte die NS-Machtergreifung zwischenzeitlich ein Ende gesetzt: Aufgrund jüdischer Vorfahren und seiner Weigerung, eine Loyalitätserklärung für Hitler zu unterzeichnen, war Hertz damals unter Druck geraten und hatte 1935 seine Professur an der Berliner Technischen Universität niederlegen müssen.

Seit 1962 lebte Hertz mit seiner Frau wieder in Berlin, kehrte aber zu Gastvorträgen häufig nach Leipzig zurück. ■

Uwe **JOHNSON**

Schriftsteller
(geb. 1934
Kammin/
Pommern,
heute Kamień
Pomorski/
Polen –
gest. 1984
Sheerness-
on-Sea/Groß-
britannien)

**Leipzig-
Volkmarsdorf,
Ludwig-
straße 105**

Ab 1953 setzte Uwe Johnson sein Germanistikstudium, das er in Rostock begonnen hatte, in Leipzig fort. Der undogmatische Literaturprofessor » Hans Mayer wurde sein wichtigster Lehrer, später auch sein Förderer und lebenslanger Freund.

Nach seinem Examen im Sommer 1956 bekam Johnson, der als Verlagslektor arbeiten wollte, aus politischen Ressentiments keine Anstellung. Schon während seiner Rostocker Zeit war er wegen seines Eintretens für die diffamierte christliche „Junge Gemeinde" und der Forderung nach Meinungs- und Religionsfreiheit in der DDR in schwere Auseinandersetzungen mit dem SED-Regime geraten. Jahrelang – Johnson lebte jetzt abwechselnd in Leipzig und im mecklenburgischen Güstrow – hielt er sich mehr schlecht als recht mit literarischen Gutachten und Übersetzungen über Wasser, die ihm großenteils Hans Mayer verschaffte. Johnsons erstes, im Stil des modernen „nouveau roman" verfasstes schriftstellerisches Werk „Ingrid Babendererde. Reifeprüfung 1953" (1985 posthum erschienen), das den Konflikt um die „Junge Gemeinde" in Rostock zum Thema hat, lehnten

Hier lag eine seiner Studenten-wohnungen (3. Haus von li.)

DDR-Verlage als typischen Fall von „West-
krankheit" ab: „Der Autor braucht eine Ge-
hirnwäsche."

Auch sein zweiter Roman „Mutmaßungen über Jakob", der durch die deutsche
Teilung verursachte menschliche Konflikte
thematisiert, durfte nicht erscheinen. Johnson bot ihn daher dem westdeutschen Suhrkamp Verlag an – mit weitreichenden Folgen: In der DDR „durch Berufsverbot unter
die Armutsgrenze gedrückt", so sein Biograf
Bernd Neumann, reiste Johnson kurz vor der
Publikation seines Buches am 10. Juli 1959
nach West-Berlin aus. Freunde hatten ihm, der bis zuletzt
gehofft hatte, in Leipzig bleiben zu können, und zunächst
unter dem Pseudonym Joachim Catt veröffentlichen
wollte, mit Mühe nahe gebracht, „daß der Staat Walter
Ulbrichts als Angriff verstehen werde, was der Autor Uwe
Johnson lediglich als Beschreibung gemeint hatte."

Johnson, den die DDR-Staatssicherheit auch in
der Bundesrepublik observierte und dessen Leipziger
Freundin und späterer Ehefrau
Elisabeth Schmidt erst 1962 die
Flucht aus der DDR gelang, wurde durch seine „Mutmaßungen"
als „Dichter der beiden Deutschland" schlagartig bekannt. Heute gehören sie neben „Das Dritte
Buch über Achim" (dessen Handlung, ohne es namentlich zu
nennen, in Leipzig spielt) sowie
dem vierbändigen Werk „Jahres-
tage. Aus dem Leben der Gesine
Cresspahl" (einer Chronik deutscher Geschichte von der Weimarer Republik bis zum geteilten
Deutschland) zu den bedeutendsten deutschen Romanen des
20. Jahrhundert. ◼

Uwe Johnson

Erich **KÄSTNER**

Schriftsteller, Journalist
(geb. 1899
Dresden –
gest. 1974
München)

Leipzig-Zentrum-Ost, Czermaks Garten 7

Erich Kästner

Kästner lebte hier
während seiner
Studentenzeit in
einer Artistenpen-
sion. Als junger
Redakteur bezog
er später zwei
Zimmer im Haus
Hohe Straße 51,
das ebenfalls
erhalten ist

„Überall Aufträge erhalten", schrieb Erich Kästner seiner Mutter nach Dresden. „Muß arbeiten wie ein Heupferd im Geschirr."

Das „Goldene Stipendium der Stadt Dresden" hatte dem Kleinbürgersohn den Zugang zur Leipziger Universität ermöglicht, sodass er sich im Herbst 1919 für ein Germanistikstudium einschrieb, das er 1925 mit einer hervorragenden Doktorarbeit über „Friedrich der Große und die deutsche Literatur. Die Erwiderungen auf seine Schrift ‚De la littérature allemande'" beendete.

Mit Gedichten, Glossen, Reportagen und Kritiken machte sich Kästner binnen kurzer Zeit einen Namen als Schriftsteller und Journalist. Er veröffentlichte in der „Neuen Leipziger Zeitung", bei der er seit 1923 als Feuilletonredakteur und Theaterkritiker angestellt war, wurde u.a. aber auch in der Berliner „Weltbühne", der „Vossischen Zeitung" und im „Prager Tageblatt" gedruckt. Schon damals schrieb Kästner, wie es lebenslang seine Gewohnheit bleiben sollte, am liebsten in Cafés: Im Café Merkur gegenüber der Thomaskirche oder im Café Felsche am Augustusplatz (beide nicht mehr erhalten).

Als Redakteur wegen seines frivolen Gedichts „Abendlied des Kammervirtuosen" fristlos entlassen, ging Kästner im September 1927 nach Berlin, wo er bereits mit „Emil und die Detektive", dem ersten seiner bis heute unvergessenen Kinderbücher, internationalen Erfolg hatte. ■

Sir Bernard Katz, einer der international erfolgreichsten, aber heute vergessenen Leipziger, wurde in der Jacobstraße 11 geboren (Haus noch erhalten), wuchs aber in der Tschaikowskistraße 13 auf.

Als einzigem Sohn eines vermögenden Pelzhändlers russisch-jüdischer Herkunft waren ihm die Wege zu einer akademischen Laufbahn von Anfang an geebnet. Katz besuchte das König-Albert-Gymnasium, studierte von 1929 bis 1934 an der Leipziger Universität Medizin und promovierte über ein Thema der Muskelphysiologie. Eine Karriere als Biophysiker in Deutschland jedoch verhinderte Hitlers Machtergreifung. Katz emigrierte im Februar 1935 nach London, wohin er einen Ruf an das University College erhalten hatte. Kurz vor Ausbruch des Zweiten Weltkriegs konnte er auch seine Eltern nachholen.

Für seine Forschungen erhielt Katz 1970 den Nobelpreis für Medizin. Er „entdeckte und studierte das Acetylcholin als eine der drei Nervenüberträgersubstanzen und klärte dessen Freisetzung in den Kontaktorganen (Synapsen) der Nervenzellen. Die Überträgerstoffe (Transmitter) spielen eine Schlüsselrolle bei der Nachrichtenübermittlung zwischen Nervenzellen". (Harenberg-Lexikon der Nobelpreisträger)

Seine Geburtsstadt sah Katz, der 1969 in den englischen Adelsstand erhoben worden war, anlässlich eines Besuchs im Herbst 1989 erstmals wieder. ■

Biophysiker, Neurobiologe
(geb. 1911 Leipzig – gest. 2003 London)

Leipzig-Zentrum-Nordwest (Waldstraßenviertel), Tschaikowskistraße 13

Sir Bernard Katz

Bis Mitte der 1930er-Jahre bewohnten Katz und seine Eltern das Eckhaus aus dem Jahr 1876

Max **KLINGER**

**Maler,
Grafiker,
Bildhauer**
(geb. 1857
Leipzig –
gest. 1920
Großjena bei
Naumburg)

**Leipzig-
Lindenau,
Karl-Heine-
Straße 2**

Max Klinger war einer der prominentesten Künstler, den Leipzig je hervorbrachte.

Seine Eltern – Klingers Vater war der wohlhabende Seifenfabrikant Heinrich Louis Klinger (1815–1896), volkstümlich „Seefen-Klinger" – unterstützten und förderten sein Talent von früh an. Gemeinsam mit seinen Brüdern bekam er privaten Zeichenunterricht, bevor er in Karlsruhe und Berlin Kunst studierte und sich während ausgedehnter Reisen und langer Aufenthalte in Paris, Brüssel und Rom weiterbildete. Als er 1893 in seine Heimatstadt zurückkehrte, galt Klinger als größter deutscher Künstler „seit Goethe und Beethoven".

Seit 1897 Professor an der Königlichen Akademie der graphischen Künste spielte er auch im akademischen und gesellschaftlichen Leben Leipzigs eine zentrale Rolle.

Viele seiner Werke, darunter vor allem seine mythologischen Bilder mit lasziven Darstellungen sich an Meeresklippen räkelnder Nymphen („Die blaue Stunde", 1890), verführerischer Nereiden oder kämpfender Kentauren erscheinen nicht erst seit heute als schwülstig

Die noble spätklassizistische Villa gehörte Klingers Eltern

und pathetisch. Die impressionistischen Porträts seiner langjährigen Lebensgefährtin, der Schriftstellerin ›› Elsa Asenijeff oder die zahlreichen Büsten bedeutender Zeitgenossen wie Richard Wagner, ›› Gustav Mahler und ›› Friedrich Nietzsche jedoch sind von zeitloser Wirkung. Und seine berühmten Grafikzyklen mit surreal-albtraumhaften Inhalten, die eine ganze Reihe jüngerer Künstlerkollegen wie Edvard Munch, Max Ernst und Giorgio de Chirico beeinflussten, haben bis heute Geltung in der Kunstgeschichte.

Max Klinger, um 1913

Das Leipziger Museum der bildenden Künste besitzt heute mit 50 Gemälden, 70 Plastiken und Gipsmodellen, 500 druckgrafischen Blättern und 850 Zeichnungen die größte Klingersammlung weltweit, darunter Hauptwerke wie das Gemälde „Kreuzigung Christi" (1890), das wegen der Darstellung des nackten Christus damals einen Skandal hervorrief, sowie die berühmte monumentale Beethoven-Plastik (1885–1902), die als Highlight der Sammlung mit weiteren Skulpturen Klingers in einem eigenen Ausstellungsraum präsentiert wird.

Klinger starb am 4. Juli 1920 in seinem Sommerhaus in Großjena bei Naumburg an den Folgen eines Schlaganfalls, wenige Monate, nachdem er seine 36 Jahre jüngere Freundin Gertrud Bock (1893–1932) geheiratet hatte. Sein 1895 in der Leipziger Karl-Heine-Straße 6 erbautes Wohn- und Atelierhaus wurde im Zweiten Weltkrieg beschädigt und später abgerissen. An der Stelle seines Geburtshauses in der Petersstraße 48 in der Leipziger City steht heute das Geschäftshaus „Klingerhaus", das sein Vater 1887/88 nach Plänen des renommierten Architekten Arwed Rossbach erbauen ließ. So ist die Lindenauer Villa seiner Eltern, in der er seit 1868 als zweites von fünf Kindern aufgewachsen war, heute die einzige noch erhaltene Leipziger Wohnadresse Klingers. ∎

Alfred **KRÖNER**

Verleger
(geb. 1861
Stuttgart –
gest. 1922
Berlin)

**Leipzig-
Zentrum-Süd
(Musikviertel)
Karl-Tauch-
nitz-Straße 33**

Von 1907 bis 1938 hatte der Alfred Kröner Verlag seinen Sitz in Leipzig. Seit Ende des 18. Jahrhunderts war die Stadt die führende Buchmetropole Deutschlands, in der die renommiertesten Verlagshäuser des Landes, darunter Reclam, Baedeker, Brockhaus und Rowohlt, ansässig waren.

Alfred Kröner stammte aus einer Verlegerfamilie. Sein Vater war Adolf von Kröner (1836–1911), dem der Verlag J.G. Cotta'sche Buchhandlung Nachfolger in Stuttgart gehörte, die sein Bruder Robert später übernahm.

Schon als junger Mann hatte sich Alfred Kröner erstmals in Leipzig niedergelassen: Von 1886 bis 1891 leitete er hier die Herausgabe des legendären Unterhaltungsblattes „Die Gartenlaube" – ein Vorläufer heutiger Illustrierter –, die sein Vater gekauft hatte. 1891 war Kröner zunächst nach Stuttgart zurückgekehrt, wo er Teilhaber

Die Villa wurde 1892 nach Plänen von » Max Pommer für den Kaufmann Johannes Cichorius erbaut. Kröner erwarb sie 1907 und lebte hier bis zu seinem Tod im Jahr 1922. Sein Schwiegersohn Wilhelm Klemm bewohnte die Villa bis 1945

seines Vaters wurde. Aufgrund verlegerischer Differenzen kam es bald wieder zur Trennung, und Kröner leitete eine Zeit lang die technisch-naturwissenschaftliche Abteilung der J.G. Cotta'schen Buchhandlung in Stuttgart, bis er 1904 den eigenen Alfred Kröner Verlag gründete, den er 1907 nach Leipzig verlegte.

Er veröffentlichte Nachschlagewerke und Fachbücher zur Philosophie, Geschichte, Soziologie, Psychologie und Kunstgeschichte, die teilweise noch heute zu den Longsellern des Verlags gehören: „Die Kultur der Renaissance in Italien", ein Klassiker des Schweizer Kunsthistorikers Jacob Burckhardt (1860 erstmals erschienen), die deutsche Ausgabe von Charles Darwins revolutionärem Buch „Die Abstammung des Menschen" und die Werke von >> Friedrich Nietzsche. Wie in der Verlagschronik zu lesen ist, hatte Kröners verlegerisches Interesse an den umwäl-

zenden Schriften des Philosophen einst zum Zerwürfnis mit seinem Vater geführt.

Nach Kröners Tod im Jahr 1922 wurde der Verlag durch den Leipziger Arzt und Schriftsteller Wilhelm Klemm (1881 Leipzig – 1968 Wiesbaden) übernommen, der mit Kröners Tochter Erna aus dessen Ehe mit Julie von Heymann verheiratet war. Klemm, einst zur Prominenz expressionistischer Dichter gehörend, musste die Leitung allerdings 1938 wieder aufgeben – die Nazidiktatur hatte ihn mit Berufsverbot belegt. Das Unternehmen wurde im gleichen Jahr unter anderer Direktion nach Stuttgart zurückgeführt – die mehr als zwanzigjährige Ära des Alfred Kröner Verlags in Leipzig war zu Ende. ∎

Karl **LIEBKNECHT**

**Politiker,
Rechtsanwalt**
(geb. 1871
Leipzig –
ermordet
1919 Berlin)

**Leipzig-
Zentrum-Süd,
Braustraße 15**

Karl Liebknecht, 1912

*Rechte Seite:
Wilhelm Lieb-
knecht lebte seit
1868 mit seiner
Familie im Erd-
geschoss des zehn
Jahre zuvor
erbauten Miets-
hauses. Sein Sohn
Karl wurde hier
am 13. August 1871
geboren, und im
September 1874
war Karl Marx
auf der Rückreise
von Karlsbad nach
London hier zu
Besuch*

Wilhelm und Karl Lieb-
knecht – Vater und Sohn:
Beide gehören zu den großen
Gestalten linker Politik im
Deutschland des 19. und frühen
20. Jahrhunderts.

Wilhelm Liebknecht, als ra-
dikaler Republikaner nach der
gescheiterten 1848er-Revolu-
tion ins Londoner Exil geflohen,
ließ sich nach seiner Rückkehr
1865 in Leipzig nieder. Die Begegnung mit >> August
Bebel, der seit 1860 hier lebte, war ausschlaggebend für
seinen weiteren Lebensweg und seine politische Entwicklung, die als Geschichtslehrer in Bebels Arbeiterbildungsverein begann und 1869 in der gemeinsamen Gründung
der Sozialdemokratischen Arbeiter-partei ein großes Ziel
erreichte.

Für seine politischen Überzeugungen geriet Liebknecht
immer wieder in Konflikte mit den im Kaiserreich herr-
schenden Gesetzen und saß mehrfach im Gefängnis. Mit
seinem Freund Bebel verbüßte er u. a. ab 1872 eine zwei-
jährige Festungshaft: Ihre Kritik am Deutsch-Französi-
schen Krieg der Jahre 1870/71 war ihnen als Hochverrat
ausgelegt worden. Im Rahmen des „Sozialistengesetzes",
das erhebliche Repressalien gegen die Sozialdemokratie
mit sich brachte, wurde Liebknecht ebenso wie Bebel 1881
aus Leipzig ausgewiesen. Sie lebten zunächst im nahe
gelegenen Borsdorf, bis Liebknecht, nach weiteren Orts-
wechseln, 1890 als Chefredakteur des Parteiorgans „Vor-
wärts" nach Berlin ging.

Seinem Sohn Karl war eine politische Laufbahn
quasi vorbestimmt: Die Partei-Aktivitäten seines Vaters
erlebte er von klein auf mit, Karl Marx und Friedrich
Engels, die Heroen der sozialistischen Bewegung, zählten zu seinen Paten. Aufgewachsen mit fünf Geschwistern – zwei ältere Schwestern stammten aus der
ersten Ehe des Vaters, er und seine drei Brüder aus der
zweiten mit Wilhelmine Natalie, geb. Reh (1835 – 1909), –

Wilhelm Liebknecht, um 1880

Politiker, Publizist, Lehrer (geb. 1826 Gießen – gest. 1900 Charlottenburg/heute zu Berlin)

Leipzig-Zentrum-Süd, Braustraße 15

kannte Karl Liebknecht allerdings auch die oft schwierige Lebenssituation einer sozialdemokratisch engagierten Familie: finanzielle Unsicherheit, die häufige Abwesenheit des Vaters und behördliche Gängeleien.

Nach dem Besuch der Nicolaischule studierte er Jura, zunächst in Leipzig und später in Berlin, wohin er seinen Eltern folgte, wurde ein profilierter Anwalt und machte als Galionsfigur des linken Flügels der SPD Parteikarriere. Auch er war vielen Angriffen ausgesetzt: Wie einst sein Vater engagierte er sich als Kriegsgegner und wurde wegen seiner Schrift „Militarismus und Antimilitarismus" (1907) im „Leipziger Hochverratsprozess" zu achtzehn Monaten Festungshaft verurteilt.

Anders als sein Vater Wilhelm ist Karl Liebknecht durch seinen tragischen Tod bis heute auch breiten Kreisen ein Begriff geblieben: Als Mitbegründer der KPD (1918/19) wurde er, wie seine Wegbegleiterin Rosa Luxemburg, am 15. Januar 1919 durch rechte Freikorpssoldaten in Berlin brutal ermordet. ■

Johann Heinrich **LINCK** d.J.

Apotheker, Naturforscher, Sammler
(geb. 1734 Leipzig – gest. 1807 Gut Zöbigker bei Querfurt)

Leipzig-Zentrum-Südost, Seeburgstraße 45, „Lincks Gartenhaus"

Das charmante, schön restaurierte Gartenhaus hatte sich Johann Heinrich Linck d.J. 1757 von Johann Gottfried Döring, dem Sohn des bekannten Barockbaumeisters Christian Döring, errichten lassen. Heute ist es, neben dem Gohliser Schlösschen von ›› Johann Caspar Richter, das letzte bauliche Zeugnis der zahlreichen Barockgärten, die wohlhabende Leipziger Bürger einst jenseits der Stadtmauern anlegen ließen – so nobel, dass sie sogar mit höfischen Anlagen konkurrieren konnten. „Die Leipziger Gärten", stellte Goethe, der damals hier Jura studierte, 1765 fest, „sind so prächtig, als ich in meinem Leben etwas gesehen habe […]."

Johann Heinrich Linck d.J., ein Sohn des Apothekers, Naturforschers und Sammlers Johann Heinrich Linck d.Ä. (1674–1734), war seit 1757 Inhaber der Leipziger Apotheke „Zum Goldenen Löwen". Sie hatte bereits seinem Vater gehört, der einen Monat vor der Geburt seines Sohns gestorben war.

Linck war seinerzeit berühmt für seine außergewöhnliche Naturalien- und Kuriositätensammlung, die er in dritter Generation weiterführte und für Besucher öffnete. Da es keine Erben gab – seine Kinder waren vor ihm gestorben –, verkaufte seine Frau Dorothea die Sammlung später an Otto Victor I. Fürst von Schönburg-Waldenburg, wodurch sie in das Museum der sächsischen Stadt Waldenburg gelangte. ∎

Ein barockes Relikt inmitten großstädtischer Wohnbebauung: das einstige Sommerhäuschen von Johann Heinrich Linck d.J., dem Inhaber der Leipziger Löwenapotheke, an den ein Löwenkopf über dem mittleren Dachfenster erinnert. Von 1900 bis 1904 lebte hier der Verleger Eugen Diederichs

Anton **MÄDLER**

Weit über Leipzig hinaus bekannt ist die Mädlerpassage im Stadtzentrum (Grimmaische Straße 3–4/Neumarkt 14). Wer aber war ihr Namensgeber?

Anton Mädler war Inhaber der 1850 in Wurzen gegründeten „Koffer- und Taschen-Fabrik Moritz Mädler", die seit 1886 in Leipzig-Lindenau ansässig war – als Königlich Sächsischer Hoflieferant ein hoch angesehenes Unternehmen.

Auch als großzügiger Mäzen hat sich Mädler in Leipzig einen Namen gemacht. Er unterstützte das Völkerkunde- und das Kunstgewerbemuseum (heute Grassi-Museum), dem er u.a. einen ursprünglich aus der Zwickauer Nikolaikirche stammenden spätgotischen Flügelaltar stiftete.

Seine berühmte Passage ließ er 1912–14 nach dem Vorbild der noblen Mailänder „Galleria Vittorio Emanuele II." durch Theodor Kösser als Messehaus errichten. Den Vorgängerbau „Auerbachs Hof", ein Renaissancegebäude aus den Jahren 1530–1538, hatte Mädler abreißen lassen, die historischen Weinkeller jedoch, die Goethe im „Faust I" literarisch verewigte, wurden in den Neubau einbezogen – allerdings erst auf Druck der Leipziger Bürger. Heute ist das Restaurant „Auerbachs Keller" ein Touristenmagnet und die Mädlerpassage, die 1994 durch den Konkurs des ‚Baulöwen' Jürgen Schneider in die Schlagzeilen geraten war, eine der attraktivsten Einkaufspassagen Deutschlands. ■

Taschen- und Koffer- fabrikant (geb. 1864 – gest. 1925 vermutlich Leipzig)

Leipzig- Leutzsch, Hans-Driesch- Straße 2

Anton Mädler

Standesgemäßer Unternehmer- Wohnsitz: In der 1902 von Julius Zeisig erbauten Villa am Rand des Leipziger Auwaldes lebte Mädler bis zu seinem Tod im Jahr 1925. Zu DDR- Zeiten wurde sie von der Staats- sicherheit genutzt

Gustav **MAHLER**

Komponist, Kapellmeister (geb. 1860 Kalischt/ Böhmen – gest. 1911 Wien)

Leipzig-Zentrum-Nordwest (Waldstra-ßenviertel), Gustav-Adolf-Straße 12

Nach Kapellmeisterstationen in Bad Hall und Laibach (Ljubljana/Slowenien), im mährischen Olmütz, in Kassel und zuletzt in Prag trat er im Juli 1886 seine Stelle als Zweiter Kapellmeister am Leipziger Stadttheater an – ein kurzes, wenig glückliches Kapitel in der einzigartigen Musikerlaufbahn des bedeutenden österreichischen Komponisten Gustav Mahler.

Schon vor Amtsantritt hatte er vergeblich versucht, seinen Leipziger Vertrag wieder zu kündigen, denn er fürchtete die Konkurrenz seines nur wenig älteren Kollegen Arthur Nikisch (1855–1922), der als Erster Kapellmeister sein unmittelbarer Vorgesetzter war. Und bereits wenige Monate später, Ende November 1886, bat der ehrgeizige Mahler um seine Entlassung, da ausschließlich Nikisch die Leitung von Richard Wagners Opernzyklus „Der Ring des Nibelungen" übertragen worden war. Selbstbewusst und unmissverständlich teilte er Theaterdirektor Max Stägemann mit, dass er „unmöglich in einer Stellung bleiben" könne, in der er „[...] von Aufgaben dieser Art ausgeschlossen wäre".

Nur weil Nikisch längere Zeit erkrankte und Mahler daher neben den „Nibelungen" das gesamte Opernprogramm des Theaters dirigieren konnte, hielt er an Leipzig fest. „In der öffentlichen Meinung", schrieb er triumphierend an einen Freund, „bin ich bereits ziemlich gestiegen. [...] Ich glaube, daß es Nikisch mit mir nicht aushalten, und über kurz oder lang das Weite suchen wird."

In seiner Leipziger Zeit komponierte Mahler einen Teil seiner „Wunderhornlieder" sowie seine Erste Sinfonie „Titan" (in Anlehnung an den gleichnamigen Roman von Jean Paul). Er lernte 1888 Richard Strauss kennen, der im Gewandhaus seine Sinfonie in f-Moll dirigierte, und verkehrte freundschaftlich im Haus des Offiziers Carl von Weber, einem Enkel des berühmten romantischen Komponisten Carl Maria von Weber in der Hillerstraße 5/Ecke Bachstraße. Carl von Weber gab Mahler Gelegenheit, ein nachgelassenes Fragment seines Großvaters zur heute vergessenen komischen Oper „Die drei Pintos" zu bearbeiten, die er am 20. Januar 1888 im Leipziger Stadttheater uraufführte. Für seine Besuche in von Webers Haus hatte Mahler vermutlich einen weiteren Grund: eine Liebesaffäre mit dessen Frau

Gustav Mahler in jungen Jahren

Marion. „Einen schönen Menschen habe ich doch, seitdem ich in Leipzig bin, gefunden", heißt es in einem Brief, „und – damit ich es gleich sage – einen von denen, durch welche man Dummheiten anstellt."

Mitte Mai 1888 bat er Theaterdirektor Stägemann erneut um seine Entlassung, dieses Mal mit Erfolg: Im Oktober verließ Mahler Leipzig ohne Bedauern, um seine neue Tätigkeit als Leiter der Königlich-Ungarischen Oper in Budapest anzutreten – die nächste Station seiner Weltkarriere. ■

Von Februar 1887 bis Oktober 1888 lebte Mahler im Erdgeschoss des spätklassizistischen Bürgerhauses. Auch seine erste Leipziger Adresse in der Gottschedstraße 25, deren zweite Etage er von Juli 1886 bis Januar 1887 bewohnte, ist noch erhalten

Wolfgang **MATTHEUER**

**Maler,
Grafiker,
Bildhauer**
(geb. 1927
Reichenbach/
Vogtland –
gest. 2004
Leipzig)

**Leipzig-Zentrum-West
(Bachstraßenviertel),
Hauptmannstraße 1**

„Zwischen Übereinstimmung und Protest" – so sah Wolfgang Mattheuer sein Verhältnis zur DDR.

Wolfgang Mattheuer

Von 1956 bis 1974 lehrte er, selbst SED-Mitglied, an der Hochschule für Grafik und Buchkunst in Leipzig, an der er auch studiert hatte. Mit ›› Werner Tübke und Bernhard Heisig (1925–2011) zählte er zu den Begründern der Leipziger Schule, die mit ihrer figürlichen Kunst weit über die Stadt hinaus bekannt wurde. Das SED-Regime schmückte sich mit seiner Prominenz, als ‚Gegenleistung' durfte er ins westliche Ausland reisen und dort ausstellen.

Künstlerisch hatte Mattheuer gewisse Freiheiten, da er von seinen Einnahmen als Gebrauchs- und Buchgrafiker leben konnte und keinerlei Staatsaufträge ausführte. In vielen seiner Werke übte er hintergründige Regimekritik: Mit der am Horizont schwebenden Freiheitsgöttin auf seinem wohl berühmtestem Gemälde „Hinter den sieben Bergen" (1973, Leipziger Museum der bildenden Künste) oder seiner monumentalen Bronzefigur „Jahrhundertschritt" (1984), die Hitlergruß und geballte Faust zeigt – eine Metapher auf Faschismus und Sozialismus. (Ein Abguss steht heute in der Grimmaischen Straße im Leipziger Zentrum.) Ein Bekenntnis zu mehr Courage ist seine Plastik „Gesichtzeigen" (1981), die auch Mattheuers Grab auf dem Südfriedhof schmückt: Ein Mann, der sich eine Schafsmaske vom Gesicht zieht. ∎

In schöner Lage gegenüber dem Johannapark lebten und arbeiteten Mattheuer und seine Frau seit 1962. Heute befindet sich hier die „Ursula Mattheuer-Neustädt und Wolfgang Mattheuer Stiftung"

Georg **MAURER**

Obwohl so prominente Schriftsteller wie Volker Braun, Sarah und Rainer Kirsch oder Heinz Czechowski zu seinen Schülern zählten, war Georg Maurer selbst über Leipzig hinaus nur wenig bekannt.

Maurer, ein Deutsch-Rumäne aus Siebenbürgen, kam 1926 nach Leipzig und lebte hier bis zu seinem Tod im Jahr 1971. Er studierte Germanistik, Philosophie und Kunstgeschichte, schrieb in den 1930er-Jahren Rezensionen und Kulturbeiträge für die „Neue Leipziger Zeitung" und ab 1946/47 für die neugegründete „Leipziger Zeitung". Er übersetzte aus dem Rumänischen und war von 1955 bis 1970 Lyrik-Professor am ehemaligen Literaturinstitut „Johannes R. Becher".

Maurer bekannte sich zum Sozialismus und zur DDR, politische Agitation allerdings gibt es in seinen Gedichten nicht. Ob sein Zyklus „Gesänge der Zeit" (1948 erschienen) oder sein populärer, später von Paul Dessau vertonter „Dreistrophenkalender" (1961), dessen Gedichte zum Teil auf Spaziergängen durch das Leipziger Rosental entstanden: seine Verse sind „weltfernmelancholische" Weltanschauungslyrik (Killy-Literaturlexikon) in der Tradition Hölderlins, Schillers und Rilkes und ganz und gar bürgerlicher Kultur verbunden.

Maurer, der in Potsdam starb, wurde auf dem Leipziger Südfriedhof bestattet. ∎

Lyriker, Essayist, Übersetzer (geb. 1907 Sächsisch-Regen/ Siebenbürgen, heute Reghin/ Rumänien – gest. 1971 Potsdam)

Leipzig-Gohlis-Süd, Menckestraße 18

Georg Maurer, 1963

Das schlichte Gründerzeit-Miets-haus (re.) liegt schräg gegenüber dem Gohliser Schlösschen. Von 1951 bis 1971 wohnten Maurer und seine Familie in der dritten Etage rechts

Hans **MAYER**

**Literatur-
wissen-
schaftler,
Jurist**
(geb. 1907
Köln –
gest. 2001
Tübingen)

**Leipzig-
Zentrum-
Nordwest
(Waldstraßen-
viertel),
Tschaikowski-
straße 23**

*Hans Mayers
Wohnsitz während
seiner Tätigkeit als
Literaturprofessor*

„Es war die Küche, unerhört reinlich und kahl, in der man zu warten hatte, bis die Vermieterin, die auch die Haushälterin war, sich im Türrahmen manifestierte und sagte: Herr Professor ist jetzt fertig mit dem Diktat. Hier lang. Auf dem Flur hingen Fotografien, die Schriftsteller beim Fotografiert werden zeigten. Im Besuchszimmer stand der Gästesessel neben den Regalfächern für die Zeit von 1800 bis 1840 [...]." So beschreibt sein damaliger Student ›› Uwe Johnson einen Besuch bei Hans Mayer in der Tschaikowskistraße („Einer meiner Lehrer – Erinnerungen an Hans Mayer").

Fünfzehn Jahre lang, von Oktober 1948 bis August 1963, war Mayer Professor für Geschichte der Nationalliteraturen an der Universität Leipzig. Er gehörte zu den Vorzeigeintellektuellen, die für die junge DDR hatten gewonnen werden können. Als deutscher Jude, Homosexueller und Marxist, der während der NS-Diktatur ins

Genfer Exil geflohen war, erschien ihm die DDR anfangs als der bessere der beiden deutschen Staaten. Leipzig versprach Mayer, der nach 1945 u.a. als politischer Chefredakteur bei Radio Frankfurt gearbeitet hatte, außerdem berufliche und private Vorzüge, die ihm im Westen nicht geboten wurden.

Hans Mayer (li.) mit Ernst Bloch (Mitte) und Walter Jens, 1975

Nicht nur enorm kenntnisreich, sondern auch kurzweilig und unterhaltsam sprach und schrieb Mayer über Klassiker wie Goethe, Brecht und Georg Büchner. Er referierte aber auch über Autoren wie Thomas Mann und William Faulkner, James Joyce und Robert Musil und wich damit vom offiziellen DDR-Kanon ab, der ‚spätbürgerlich dekadente‘ und moderne ‚Westliteratur‘ strikt ablehnte. Wegen seiner unorthodoxen Lehre geriet Mayer bald in schwere Konflikte mit der SED-Führung. „Im Westen bewundert man die Universalität seines Wissens und bedauert seine Gesinnung", schrieb Walter Jens 1958 ironisch über die Situation Mayers, „im Osten tut man ein gleiches."

Wie seinem Leipziger Kollegen >> Ernst Bloch wurden Mayer die Schikanen des SED-Regimes derart unerträglich, dass er 1963 von einem Besuch in Tübingen nicht in die DDR zurückkehrte. Er wurde Literaturprofessor an der Universität Hannover und lebte nach seiner Emeritierung im Jahr 1973 als Honorarprofessor in Tübingen, wo er bis ins hohe Alter – er starb mit 94 Jahren – weiter veröffentlichte. Mit zahlreichen Aufsätzen, Vorträgen und mehr als 40 Buchtiteln, darunter seine literatursoziologische Untersuchung „Außenseiter" (1975), galt Mayer als einer der prominentesten deutschen Literaturwissenschaftler seiner Zeit.

Seine Einstellung zur DDR war bis zuletzt nicht durchweg ablehnend: „Das schlechte Ende", heißt es in seinem Buch „Der Turm von Babel – Erinnerung an eine Deutsche Demokratische Republik" (1991), „widerlegt nicht einen möglicherweise guten Anfang". ■

Felix **MENDELSSOHN BARTHOLDY**

**Komponist,
Dirigent,
Pianist**
(geb. 1809
Hamburg –
gest. 1847
Leipzig)

**Leipzig-
Zentrum-
Südost**
(Goldschmidt-
straße 12),
„Museum
Mendelssohn-
Haus"

„Es flogen ihm hundert Herzen zu im ersten Augen-
blicke", schrieb >> Robert Schumann nach dem ersten
Konzert, das der 26-jährige Felix Mendelssohn Bartholdy am 4. Oktober 1835 dirigierte, nachdem er die Leitung
des Leipziger Gewandhausorchesters übernommen hatte. Lediglich unterbrochen durch die Jahre 1841 bis 1845,
in denen er sich im Dienst des preußischen Königs über-
wiegend in Berlin aufhielt, arbeitete und lebte Mendelssohn bis zu seinem Tod in Leipzig.

Im musikalischen Leben der Stadt, das er schätzte,
„weil hier wirklich Musik gemacht wird, Musik, die klingt",
spielte der Kosmopolit Mendelssohn eine herausragen-
de Rolle. Er leitete die Abonnement- und Sonderkonzerte,
bei denen er häufig auch als Pianist, Geiger und Organist
auftrat und führte 1838 die „Historischen Konzerte" mit
Werken von Georg Friedrich Händel und Johann Sebastian Bach ein. Mendelssohn gilt als Wiederentdecker der
Bachschen Musik; Karfreitag 1841 ließ er in der Thomaskirche dessen „Matthäuspassion" aufführen, die in Leipzig seit 100 Jahren nicht mehr gespielt worden war. Seit
1843 war Mendelssohn auch Direktor des von ihm
gegründeten Leipziger Konservatoriums, das bald Stu-

dierende aus ganz Europa anzog –
eine insgesamt enorme Arbeitslast,
die er wohl nur bewältigen konnte, weil er von klein auf zu äußers-
ter Disziplin erzogen worden war.

Mendelssohn, der zuvor in „Rei-
chels Garten" und in „Lurgensteins
Garten" nahe der Thomaskirche
gelebt hatte (beide zerstört), zog
1845 mit seiner Frau Cécile, geb.
Jeanrenaud (1817–1853), einer Frank-
furterin hugenottischer Herkunft,
und den vier gemeinsamen Kindern – das fünfte, die Tochter Elisabeth, kam hier zur Welt – in die
Belétage des damals neu erbauten
Hauses Goldschmidtstraße 12. „In

ihrer Einrichtung und ganzem Wesen", so der Musikerkollege Louis Spohr, „herrscht neben allem Luxus und Reichtum eine so reizende Anspruchslosigkeit, dass man sich sehr wohl darin befinden muss."

Zu der heute rekonstruierten Acht-Zimmer-Wohnung gehörten kleinere Salons und Kabinette, der Musiksaal, in dem mit auswärtigen Gästen und Leipziger Freunden wie ›› Clara und Robert Schumann konzertiert wurde, und Mendelssohns Arbeitszimmer, in dem er das Oratorium „Elias" und die unvollendet gebliebene Oper „Loreley" komponiert hatte. Es konnte nach einem Aquarell von Felix Moscheles, einem Sohn des Mendelssohn-Freundes und Musikers Ignaz Moscheles, für die Einrichtung des Museums nachgebildet werden.

Am Abend des 4. November 1847 starb Mendelssohn im Alter von nur 38 Jahren in seiner Leipziger Wohnung – gezeichnet von mehreren Schlaganfällen und verzweifelt über den Tod seiner geliebten Schwester Fanny (1805–1847). Im Berliner Familiengrab wurde er beigesetzt. ∎

Felix Mendelssohn Bartholdy (Gemälde von Theodor Hildebrandt, 1834)

Blick auf die Gartenseite des Mendelssohn-Hauses, in dem der Komponist seine letzten zwei Lebensjahre verbrachte. In seiner ehemaligen Wohnung im ersten Stock befindet sich heute das „Museum Mendelssohn-Haus"

Herrmann Julius **MEYER**

Verleger
(geb. 1826
Gotha –
gest. 1909
Leipzig)

**Leipzig-
Zentrum-
West
(Bachstraßen-
viertel)
Käthe-
Kollwitz-
Straße 115**

*Herrmann Julius
Meyer*

1856 hatte Herrmann Julius Meyer das „Bibliographische Institut" seines verstorbenen Vaters, bekannt durch „Meyers Großes Conversationslexikon", übernommen, 1874 verlegte er es von Hildburghausen nach Leipzig.

Durch preiswerte Ausgaben und die marktgerechte Erweiterung des Programms war es ihm gelungen, den angeschlagenen Verlag zu konsolidieren. Es erschienen „Meyer's Hand-Lexicon des allgemeinen Wissens" (der „Kleine Meyer"), die Volksausgabe der „Bibliothek der deutschen Klassiker" (später „Meyers Volksbücher") und die Reihe „Allgemeine Naturkunde", zu der ihn der Welterfolg von „Brehms Thierleben" (ab 1864) inspiriert hatte. Durch die Ausstattung mit Illustrationen und Kartenmaterial waren Meyers Enzyklopädien und Sachbücher gegenüber den damals noch unbebilderten Publikationen seines Konkurrenten Brockhaus im Vorteil.

In Leipzig ist Meyer, der 1884 seinen Söhnen Arndt und Hans die Leitung des Unternehmens übergeben hatte, vor allem durch seine „Stiftung zur Erbauung billiger Wohnungen" in Erinnerung geblieben. Für sie errichtete ›› Max Pommer, der auch Meyers Stadtvilla erbaut hatte, vier damals vorbildliche Sozialsiedlungen: die noch heute vorhandenen „Meyer'schen Häuser".

Das Grab des Verlegers befindet sich auf dem Leipziger Südfriedhof. ∎

*Standesgemäßer
Wohnsitz:
die ehemalige
Verleger-Villa, die
1885/86 von ››
Max Pommer im
Stil der italieni-
schen Neorenais-
sance erbaut
wurde. Hier ein
Blick auf die
Gartenfassade*

Bereits mit 17 Jahren gewann er die Berliner Schachmeisterschaften, 23-jährig erhielt er den dritten Platz beim internationalen Schachturnier in Leipzig. 1907 siegte er beim Wiener Schachturnier und 1923 in Liverpool: Jacques Mieses (eigentlich Jakob Mieses) war einer der erfolgreichsten deutschen Schachspieler seiner Zeit.

Mieses, über dessen privates Leben nur wenig bekannt ist, entstammte einer aus der damals österreichischen Stadt Brody (heute Ukraine) eingewanderten jüdischen Kaufmannsfamilie. Er besuchte die Leipziger Thomasschule und studierte Naturwissenschaften in Leipzig und Berlin.

Mieses war bereits 72 Jahre alt, als er 1938 mit 15 Mark in der Tasche aus Nazideutschland nach London emigrierte. Seit Annahme der britischen Staatsbürgerschaft auch als britischer Großmeister geltend, nahm er bis ins hohe Alter an Schachturnieren teil, so u.a. an einer Londoner Blitzmeisterschaft im Jahr 1953.

Nach ihm ist die Mieses-Eröffnung, die Mieses-Variante in der Schottischen Partie sowie das Mieses-Gambit in der Skandinavischen Verteidigung benannt. Er schrieb außerdem Schachspalten und Turnierberichte für zahlreiche Zeitungen und veröffentlichte über 40 Titel zum Schachspiel, darunter das ursprünglich von Jean Dufresne herausgegebene, noch heute verlegte „Lehrbuch des Schachspiels". ■

Schachgroßmeister (geb. 1865 Leipzig – gest. 1954 London)

Leipzig-Zentrum-Nordwest (Waldstraßenviertel), Christianstraße 19

Schachgroßmeister Jacques Mieses

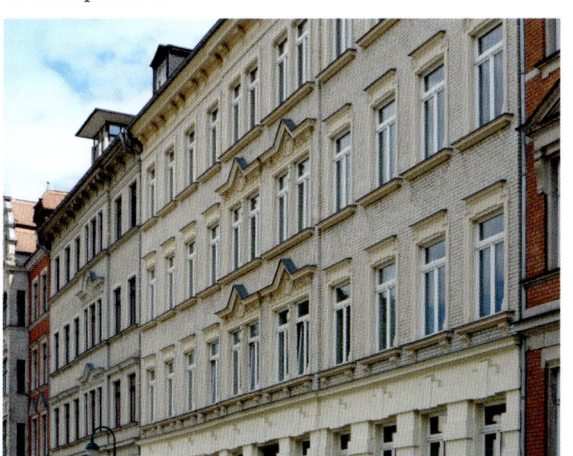

Das großbürgerliche Mietshaus bewohnte Jacques Mieses bis zu seiner Emigration im Jahr 1938

Paul **MÖBIUS**

Architekt
(geb. 1866
Leipzig –
gest. 1907
Leipzig)

**Leipzig-Zentrum-West,
Lessing-straße 21**

Paul Möbius gilt als bedeutendster Jugendstilarchitekt seiner Heimatstadt. Seine Bauten erregten damals Aufsehen und sind noch heute Blickfänge im Leipziger Stadtbild.

Der Kaufmannssohn studierte von 1882 bis 1888 an der Leipziger Kunstgewerbeschule Ornamentik und Bautechnik, arbeitete ab 1889 bei den Architekten Pfeifer & Händel, die die Gohliser Villa für den Drahtseilfabrikanten ›› Adolf Bleichert entwarfen, und gründete im Sommer 1899 mit Arthur Starke (1864–1915) ein eigenes

Architekturbüro. Während Starke die technischen Aufgaben und die administrative Durchführung der Bauprojekte übernahm, sicherte Möbius mit seinen ebenso stilsicheren wie originellen Entwürfen den Erfolg ihres Unternehmens.

„Paul Möbius & Arthur Starke Architekten" bauten ausschließlich in Leipzig. In den acht Jahren ihrer Zusammenarbeit entstanden mehr als zwanzig repräsentative

Das einzige überlieferte Porträt von Paul Möbius

Objekte. Viele sind erhalten und stehen heute unter Denkmalschutz: U.a. die Mietshäuser Johannisallee 11 (1899/1900), Hinrichsenstraße 37 (1900), Tschaikowskistraße 31 (1900/01), Dittrichring 10 (1903/04) und die Eckhausanlage Rietschelstraße 2/Demmeringstraße 22 im Bezirk Lindenau (1906) mit dem Restaurant »Grüne Eiche«. Zu den bemerkenswertesten Bauten des Büros zählen die Anfang des 20. Jahrhunderts entstandenen Villen in Leipzig-Leutzsch: Am langen Felde 7 für den Arzt Paul Buchheim, in der Rathenaustraße 34 für den Kunstsammler Max Loose und in der Laurentiusstraße 1 für den Maler Walter Queck, dessen Grab auf dem Leipziger Südfriedhof ebenfalls ein Entwurf von Möbius ist.

Seine Bauten zeigen keinen verspielten Jugendstil, sondern eine vereinfachte Variante in reduzierten, manchmal fast monumentalen Formen, wie die kehlförmigen Giebel in den Dachbereichen. Die zurückhaltende Eleganz der Architektur ergänzte Möbius mit fantasievollen Details: farbige Bleiglasfenster mit Son-

nenblumen und Lotosblüten, Türklinken und Treppen-
pfosten mit stilisierten Schlangen und Löwenköpfen.

Im Unterschied zu seinen Leipziger Architekten-
kollegen, darunter » Oscar Mothes und » Max Pommer,
besaß Möbius kein eigenes Haus, sondern lebte, ledig
geblieben, in der Wohnung seiner verwitweten Mutter –
vielleicht auch, weil sich sein Büro in der nahe gelegenen Jahnallee 46 befand.

Erst 41 Jahre alt, starb er „nach längerem Kranksein,
doch schnell und unerwartet an Herzschlag" und wurde
auf dem inzwischen eingeebneten Johannisfriedhof
bestattet.

„Einer der Begabtesten", so der Leipziger Künstler-
verein in seinem Nachruf, „ist von uns gegangen." Und
tatsächlich konnte Arthur Starke nach Möbius' Tod mit
seinem neuen Partner nicht wieder an die früheren
Erfolge des Architekturbüros anknüpfen. ■

*Leipzigs großer
Jugendstilarchitekt
lebte in einem
schlichten Miets-
haus (2. von rechts)*

Theodor **MOMMSEN**

**Historiker,
Altertums-
wissen-
schaftler,
Jurist**
(geb.1817
Garding/
Schleswig-
Holstein –
gest. 1903
Charlotten-
burg/heute
zu Berlin)

**Leipzig-
Zentrum-Ost,
Chopin-
straße 13**

„Meine Leipziger Jahre waren die schönsten meines Lebens, das Aufblühen aller Kräfte des Geistes und des Herzens", schrieb der fast 80-jährige Theodor Mommsen 1896 an den Historiker Erich Marcks.

Dabei war diese Phase seines Lebens alles andere als harmonisch verlaufen. Mommsen, seit Wintersemester 1848 Professor für Römisches Recht an der Universität Leipzig, wurde bereits drei Jahre später wieder entlassen – unmissverständlich hatte er sich zur 1848er-Revolution und ihren Forderungen nach Demokratie und nationaler Einheit bekannt. Seine 1849, allerdings anonym, erschienene Schrift „Die Grundrechte des deutschen Volkes mit Belehrungen und Erläuterungen", ein Kommentar zur in der Frankfurter Paulskirche ausgearbeiteten Verfassung – mit 10 000 in kurzer Zeit verkauften Exemplaren ein Bestseller –, war ihm als staatsfeindliches Pamphlet ausgelegt worden.

Mommsen verließ Leipzig und ging als Professor für Römisches Recht nach Zürich. 1854 kehrte er nach Deutschland zurück. Trotz seiner politischen Vergangenheit wurde er an die Universität Breslau und 1861 als Profes-

In der Villa des Verlegers Georg Wigand, einem schönen spätklassizistischen Bau aus dem Jahr 1847, hatte Mommsen von Ende 1848 bis Anfang 1852 eine Unterkunft

sor für Alte Geschichte an
die Berliner Universität berufen, da Preußen qualifi-
zierte Hochschullehrer be-
nötigte. Er blieb aber auch
weiterhin politisch aktiv. Als
nationalliberaler Abgeordneter saß er lange Zeit im
Preußischen Landtag und
später im Reichstag.

*Theodor
Mommsen,
1903*

Mommsen war ein exzel-
lenter Wissenschaftler und, was nicht häufig vorkommt,
zugleich ein begabter Schriftsteller. Auf Vorschlag von
Karl Reimer, dem Inhaber der Weidmannschen Verlagsbuchhandlung in Leipzig, hatte er seine großangelegte
„Römische Geschichte" begonnen. Sie wurde das erfolg-
reichste Geschichtswerk in deutscher Sprache – 1885
erschien der 5. und letzte Band – und zugleich ein großes
Stück Literatur. Für seinen hervorragenden Stil, der
ohne ein Übermaß an Fachausdrücken auskommt und
historische Fakten lebendig zu vermitteln versteht,

erhielt Mommsen 1902 als erster Deutscher
den Literaturnobelpreis und ist bis heute der
einzige Historiker, der mit dieser Auszeichnung geehrt wurde.

Die Hochschullehre allerdings empfand
Mommsen als lästige Pflicht, die ihm Zeit für
seine Forschungen raubte. Seine Studenten,
die er als „sehr dumm" bezeichnete, kritisier-
te er scharf und unerbittlich, was ihm den
Spottnamen „Rasiermesser" einbrachte.

Gemeinsam mit seiner fünfzehn Jahre
jüngeren Frau Marie, geb. Reimer, der Tochter
seines Leipziger Verlegers, mit der er seit 1854
verheiratet war, hatte Mommsen sechzehn
Kinder. Zu seinen Nachfahren zählen die Enkel Wilhelm und Theodor E. Mommsen sowie
seine Urenkel Hans und Wolfgang J. Mommsen – alle prominente Historiker. ∎

Oscar **MOTHES**

**Architekt,
Kunstschrift-
steller**
(geb. 1828
Leipzig –
gest. 1903
Dresden)

**Leipzig-
Zentrum-
West (Bach-
straßen-
viertel),
Käthe-
Kollwitz-
Straße 70**

Obwohl Oscar (auch Oskar) Mothes einer der vielseitigsten sächsischen Baumeister der zweiten Hälfte des 19. Jahrhunderts war, ist über seine Biografie nur wenig bekannt, sein Werk wurde bisher kaum erforscht.

Er wuchs als Sohn des Gerichtsdirektors August Ludwig Mothes in Leipzig auf. Ab 1845 studierte er bei dem berühmten Baumeister Gottfried Semper in Dresden Architektur, 1853 kehrte er in seine Heimatstadt zurück.

Der sächsische Baurat Oscar Mothes (Bildnis am Portal von Schloss Wiesenburg/Mark, das er 1864–80 umbaute)

Mothes, Kirchenbaurat und seit 1870 königlich-sächsischer Baurat, errichtete zahlreiche, meist neogotische Kirchen in und außerhalb Sachsens, darunter die Dorfkirche in Rüdigsdorf, sein erster selbstständiger Auftrag, machte sich aber in erster Linie als Denkmalpfleger einen Namen. Er restaurierte und erneuerte Schlösser, Burgen und Kirchen, darunter die Rudelsburg bei Bad Kösen, Schloss Wiesenburg/Mark, der Innenraum der St. Annenkirche in Annaberg-Buchholz im Erzgebirge

Burgenromantik in Leipzig: „Zur Julburg" – das Wohnhaus des Architekten Oscar Mothes aus den Jahren 1873/74

(1875–1884) und die Zwickauer Marienkirche (1885–1891), sein denkmalpflegerisches Hauptwerk.

Die Mehrzahl seiner Leipziger Werke wurde im Zweiten Weltkrieg zerstört: die 1879/80 von ihm erneuerte Matthäikirche, die 1884/85 erbaute anglo-amerikanische Kirche in der Sebastian-Bach-Straße/Ecke Schreberstraße sowie das Schloss in Leipzig-Großzschocher.

Erhalten geblieben ist sein eigenes Haus in der Käthe-Kollwitz-Straße, in dem er sein Architekturbüro unterhielt und mit seiner eigenen und der Familie seiner Schwester lebte. Mit seinem malerischen Reichtum an Bauelementen ist es eines der schönsten historischen Wohngebäude der Stadt. Gekonnt vereint Mothes Spitzgiebel, Holzerker, zwei Türme – der größere mit hölzernem Umgang –, gotische Fenster und Sandsteindekor zu einem harmonischen Ganzen. Zur großenteils erhaltenen Innenausstattung gehört eine Trinkhalle im Kellergeschoss des Hauses, deren Säulen aus abgetragenen mittelalterlichen Dorfkirchen der Umgebung stammen.

*Detail am
Mothes-Haus*

Mothes, der 1865 an der Leipziger Universität zum Dr. phil. promovierte, war auch ein produktiver und vielseitiger Kunstschriftsteller. Er verfasste u.a. ein „Illustrirtes archäologisches Wörterbuch der Kunst des germanischen Altertums, des Mittelalters und der Renaissance" (1877/78), ein Bau-Lexikon, die „Geschichte der Baukunst und Bildhauerei Venedigs" (1858–60) und ein „Handbuch für Hausbesitzer und Baulustige" (1883). Mothes war Mitbegründer des Gewerblichen Bildungsvereins Leipzig und des Vereins für die Geschichte der Stadt Leipzig, den er von 1869 bis 1872 leitete.

Nach mehr als dreißigjähriger Tätigkeit in seiner Heimatstadt ließ sich Mothes 1884 im sächsischen Zwickau nieder, wo er seine Restaurierungs- und Bautätigkeit erfolgreich fortsetzte. ∎

Friedrich **NIETZSCHE**

Philosoph, Klassischer Philologe
(geb. 1844 Röcken bei Lützen/Sachsen – gest. 1900 Weimar)

Leipzig-Zentrum-Nordwest (Waldstraßenviertel), Hinrichsenstraße 32

Nach zwei Semestern an der Universität Bonn studierte Friedrich Nietzsche von Herbst 1865 bis Winter 1869 Klassische Philologe in Leipzig.

Die Wohnung in der Hinrichsenstraße 32, die er erst bei späteren Arbeitsaufenthalten in der Stadt nutzte, ist die einzige erhaltene seiner fünf Leipziger Adressen. Als Student lebte Nietzsche, stets zur Untermiete, bei dem Antiquar Rohn im Hinterhaus der Scherlstraße 10 (früher Blumengasse), in der Bernhard-Göring-Straße 15 (früher Elisenstraße 7), der Friedrich-Ebert-Straße 28/Ecke Kolonnadenstraße (früher Weststraße 59) und in der Lessingstraße 30.

In vieler Hinsicht bestimmte Nietzsches Leipziger Zeit sein späteres Leben: Im Haus des Orientalisten und Verlegersohns Hermann Brockhaus und dessen Frau Ottilie, einer Schwester Wagners, lernte er im Herbst 1868 den Komponisten Richard Wagner kennen – der Beginn

einer langjährigen und äußerst intensiven Freundschaft. (Das Haus in der Karl-Heine-Straße 24 b ist noch vorhanden.) Im Antiquariat seines Vermieters Rohn entdeckte Nietzsche Arthur Schopenhauers berühmtes Hauptwerk „Die Welt als Wille und Vorstellung", das großen Einfluss auf sein Denken gewinnen sollte. „Ich weiß nicht", schrieb er später, „welcher Dämon mir zuflüsterte: ‚Nimm dir dieses Buch mit nach Hause. [...] hier sah ich einen Spiegel, in dem ich Welt, Leben und eigen Gemüt in entsetzlicherer Großartigkeit erblickte [...]'".

Friedrich Nietzsche, 1882

Gefördert durch den Altphilologen Friedrich Wilhelm Ritschl, der ebenfalls von Bonn an die Leipziger Universität gewechselt war, verfasste Nietzsche schon als junger Student hervorragende altphilologische Abhandlungen, die ihm früh Anerkennung in der Fachwelt brachten. Er war erst 25 Jahre alt, als er im Februar 1869, noch vor dem offiziellen Abschluss seines Studiums, zum Professor für Klassische Philologie an die Universität Basel berufen wurde.

Linke Seite: Während längerer Arbeitsaufenthalte in Leipzig in den Jahren 1882, 1885 und 1886, lebte Nietzsche im zweiten Stock des Wohnhauses

Nietzsche, der heute als einer der großen Philosophen seiner Zeit gilt und Literatur, Kunst und Psychologie bis weit in das 20. Jahrhundert hinein beeinflusste, entwickelte sich schnell vom hoffnungsvollen Jungwissenschaftler zum akademischen Außenseiter. In seinen Schriften „Die Geburt der Tragödie aus dem Geist der Musik" (1872), „Die fröhliche Wissenschaft" (1881/82) und „Also sprach Zarathustra" (1883/85) verwarf er die gängigen Wertvorstellungen von bürgerlicher Moral und christlicher Ethik. Vor allem seine Idee vom „Übermenschen", durch den Nationalsozialismus später vereinnahmt und verfälscht, schockierte und faszinierte Generationen von Intellektuellen.

1889 setzte der Ausbruch seiner als progressive Paralyse diagnostizierten Geisteskrankheit Nietzsches außergewöhnlichem Wirken ein tragisches Ende. ∎

Sir Nikolaus **PEVSNER**

**Kunst-
historiker**
(geb. 1902
Leipzig –
gest. 1983
London)

**Leipzig-
Zentrum-Süd
(Musikviertel)
Schwägrichen-
straße 11**

Schon seine Dissertation „Leipziger Barock. Die Baukunst der Barockzeit in Leipzig", die er 1928 bei dem Leipziger Professor Wilhelm Pinder abschloss, wurde ein Standardwerk der Kunstgeschichte. Noch 1990 erschien das Buch als Reprint.

Nikolaus Pevsner wurde als Sohn eines wohlhabenden russisch-jüdischen Pelzhändlers in Leipzig geboren. Er besuchte die Thomasschule, studierte Kunstgeschichte an der Leipziger Universität, später auch in München, Berlin und Frankfurt, und begann eine hoffnungsvolle Laufbahn als Assistent an der Dresdner Gemäldegalerie – bis zur NS-Machtergreifung im Januar 1933.

In Nazideutschland ohne berufliche Aussichten und als Jude zunehmend verfolgt, emigrierte Pevsner mit seiner Frau Karola, geb. Kurlbaum (1902–1963), und seinen drei kleinen Kindern 1935 nach London. Vor allem als Architekturhistoriker erreichte er hier große Popularität; 1969 wurde er in den britischen Adelsstand erhoben. Herkunft und Lebensweg zeigen Parallelen zu dem Biophysiker » Sir Bernard Katz, der als jüdischer Kaufmannssohn aus Leipzig ebenfalls in London Karriere machte.

*Sir Nikolaus
Pevsner*

Viele der Publikationen Pevsners sind bis heute Klassiker, darunter „Pioneers of the Modern Movement from William Morris to Walter Gropius" (1936; dt. 1957), die „Pelican History of Art" und das „Lexikon der Weltarchitektur" (1971). ∎

*Der Gründer-
zeitpalast war
Pevsners Eltern-
haus. Hier lebten
auch die Schrift-
stellerin » Elsa
Asenijeff und
der Komponist
Günther Raphael*

Max Pommer

Die Villen des Lexikonverlegers >> Herrmann Julius Meyer, des Kunstsammlers >> Fritz von Harck und des Kaufmanns Johannes Cichorius, in der später >> Alfred Kröner lebte – das sind nur einige Bauten von Max Pommer. Er war einer der bedeutendsten Architekten des Historismus in Leipzig und errichtete zwischen 1885 und 1900 allein 21 Villen im Musikviertel.

Architekt, Bauunternehmer (geb. 1847 Chemnitz – gest. 1915 Leipzig)

Leipzig-Zentrum-West (Bachstraßenviertel), Hillerstraße 9

Pommer, zunächst angestellt bei Gustav Müller bis er 1879 sein eigenes Architekturbüro eröffnete, schuf auch Geschäftshäuser und Wohnsiedlungen, darunter das neobarocke ehemalige Pelzgewerbehaus Oelßners Hof, Nikolaistraße/Ecke Ritterstraße (1907/08) und die Wohnanlage Gartenstadt Alt-Lößnig. Beruflich folgenreich war die Begegnung mit Herrmann Julius Meyer, für dessen „Stiftung zur Erbauung billiger Wohnungen" Pommer zwischen 1888 und 1914 in den Leipzi-

Wohnung seiner achtköpfigen Familie und Sitz seines Architekturbüros: Pommers Wohnhaus aus den Jahren 1885/86

Links:
Seine Initialen über dem Eingang

ger Stadtteilen Eutritzsch, Kleinzschocher, Lindenau und Reudnitz die noch heute erhaltenen Sozialsiedlungen „Meyer'sche Häuser" errichtete.

Mit seiner Firma „Eisenbetonbau Max Pommer" war er zugleich ein erfolgreicher Bauunternehmer, der u.a. das Material für das Druckereigebäude C. G. Röder am Gerichtsweg (1898) und das neobarocke Geschäftshaus Brühl/Ecke Hainstraße lieferte – die ersten Stahlbetonbauten Sachsens. ■

Alexander Nikolajewitsch RADISCHTSCHEW

**Schriftsteller,
Philosoph,
Jurist**
(geb. 1749
Moskau –
gest. 1802
St. Petersburg)

**Leipzig-
Zentrum,
Hainstraße 8**

*Alexander
Nikolajewitsch
Radischtschew
(zeitgenössische
Miniatur)*

Katharina II. („die Große") hatte Alexander Nikolajewitsch Radischtschew, Sohn eines reichen Moskauer Gutsbesitzers, 1767 als Mitglied ihres Pagenkorps zum Studium der Rechtswissenschaften nach Leipzig geschickt – damals die bedeutendste juristische Fakultät in Deutschland. Goethe gehörte zu seinen Kommilitonen.

1771 nach Hause zurückgekehrt, hätte Radischtschew Karriere im russischen Staatsdienst machen können, wenn er nicht die erbitterte Feindschaft Katharinas auf sich gezogen hätte. In seinen Schriften übte er radikale Kritik an den russischen Verhältnissen, an Leibeigenschaft, dekadenter Aristokratie und selbstherrlichem Zarentum und entwickelte im Zeichen der französischen Aufklärung Gedanken zu einer freien, gerechteren Gesellschaft. „Frohlockt, Gefesselte und Knechte:/Man führt kraft angebornem Rechte/Den Zaren selbst auf das Schafott", heißt es in seiner „Ode an die Freiheit".

Für seine „Reise von St. Petersburg nach Moskau" (1790), ein fiktiver ‚Reisebericht' durch Russland („Ich blickte mich um und meine Seele wurde wund unter den Leiden der Menschheit."), wurde er anfangs zum Tode, später zu zehn Jahren sibirischer Verbannung verurteilt, aus der er nach dem Tod der Zarin 1796 frei kam.

Kurze Zeit nach seiner Berufung in die Reformkommission Alexanders I. nahm sich Radischtschew mit Gift das Leben. ■

*Das mehrfach
veränderte
Renaissancehaus
(2. von re.) war
die Studentenunterkunft des
russischen
Schriftstellers.
Der Kastenerker
stammt aus der
Zeit um 1700*

Hildegard Maria **RAUCHFUß**

„Einmal wissen dieses bleibt für immer/ist nicht Rausch der schon die Nacht verklagt/ist nicht Farbenschmelz noch Kerzenschimmer/von dem Grau des Morgen längst verjagt [...] klagt ein Vogel ach auch mein Gefieder/näßt der Regen flieg ich durch die Welt."

Der Text des Superhits „Am Fenster", mit dem der DDR-Rockband „City" 1975 der musikalische Durchbruch gelang, stammt von Hildegard Maria Rauchfuß.

Sie war ausgebildete Sängerin und arbeitete als Bankangestellte und Buchhalterin. Erst Ende der 1940er-Jahre – seit 1947 lebte Rauchfuß in Leipzig – begann sie zu schreiben: Gedichte und Chansons, Texte für das Kabarett „Leipziger Pfeffermühle", Novellen, Kinderbücher, Rundfunkbeiträge, TV-Drehbücher und vor allem Romane, darunter ihr letztes Werk „Schlussstrich" (1986), „War ich zu taktlos, Felix", ein Buch über >> Felix Mendelssohn Bartholdy (1976) und „Schlesisches Himmelreich" (1968), in dem sie ihren eigenen Lebensweg schildert, von der Jugend in einer schlesischen Großbürgerfamilie bis zur Flucht aus Breslau am Ende des Zweiten Weltkriegs.

Nach dem Untergang der DDR wurde aufgedeckt, dass Rauchfuß, deren literarische Arbeiten die SED vielfach ausgezeichnet hatte, zwischen 1967 und 1976 als IM „Bettina" und „Bettina Schreiber" für die Stasi gespitzelt hatte. ∎

Hildegard Maria Rauchfuß

Das Haus im Stil der Neuen Sachlichkeit hatte der Architekt Arthur Blochwitz 1931/32 für sich selbst erbaut. Rauchfuß lebte hier zwischen 1978 und 1998

Klaus **RENFT**

Rockmusiker
(geb. 1942
Jena –
gest. 2006
Löhma/
Thüringen)

**Leipzig-
Zentrum-Süd
(Musikviertel)
Mozart-
straße 8**

„Manchmal sagte Otto/Leben ist wie Lotto/Doch die Kreuze macht ein Funktionär!", textete die „Klaus Renft Combo" in ihrer „Rockballade vom kleinen Otto". „Renft" gehörte neben den „Puhdys" zu den prominentesten DDR-Rockbands. Sie wurde geliebt und beargwöhnt für ihre zwischen den Zeilen geübte Regimekritik.

Klaus Renft (eigentlich Klaus Jentzsch), gelernter Möbeltischler und autodidaktischer Bassgitarrist, hatte die Band 1958 in Leipzig gegründet. Nicht nur ihre Texte, sondern auch ihr unangepasstes Auftreten und Erscheinungsbild verunsicherten die Kulturfunktionäre. Es gab

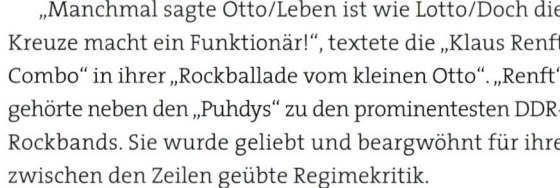

einerseits Anerkennung – u.a. erhielt „Renft" für ihr Programm „Zwischen Liebe und Zorn" 1973 eine Goldmedaille –, andererseits aber auch Auftrittsverbote. 1975 wurde „Renft" verboten, weil „[...] die Arbeiterklasse verletzt wird und die Staats- und Schutzorgane diffamiert werden."

Mit einer Ausreiseerlaubnis nach Griechenland – seine Ehefrau Angelika war Griechin – verließ Klaus Renft 1976 die DDR und ließ sich in West-

Die Musiker der Leipziger „Klaus-Renft-Combo", aufgenommen im Jahr 1975 – er selbst oben rechts

berlin nieder. Andere Bandmitglieder folgten. Nach der politischen Wende 1989 kehrte er in den Osten zurück; die Band feierte 1990 im Leipziger Haus Auensee ihr Comeback.

Klaus Renft starb im Alter von 64 Jahren in seinem Thüringer Wohnsitz an Krebs und wurde auf dem Leipziger Südfriedhof beigesetzt. Die Rockband „Renft" existiert bis heute. ■

Aus dem thüringischen Dorf Gernewitz zog Klaus Renft 1952 mit seiner Mutter in die dritte Etage des 1892 erbauten Mietshauses. Seine spätere Adresse war Hohe Straße 49

*Johann Caspar Richter
(Gemälde von Elias Gottlob
Haussmann, 1756)*

Das Gohliser Schlösschen, ein Glanzstück sächsischer Rokokoarchitektur, war kein Adelsschloss, sondern das ländliche Refugium des Leipziger Kaufmanns Johann Caspar Richter.

Mit überseeischen Waren und feinen Tuchen handelnd, zählte er seinerzeit zu den vermögendsten Bürgern der Stadt und besaß als Ratsherr, Ratsbaumeister und Vorsteher des St. Georgen Zucht- und Waisenhauses am Brühl auch einflussreiche öffentliche Positionen.

**Kaufmann,
Ratsbaumeister,
Ratsherr**
(geb. 1708
Leipzig –
gest. 1770
Leipzig)

**Leipzig-
Gohlis-Süd,
Menckestraße 23,
„Gohliser
Schlösschen"**

*Einer der wenigen
erhaltenen
Bauten des
Leipziger Rokoko:
das Gohliser
Schlösschen –
hier vom Garten
aus gesehen.
Heute gehört es
der Stadt und
wird für kulturelle
Veranstaltungen
genutzt*

Das Gohliser Schlösschen entstand 1755/56; nach neueren Forschungen ist es ein Werk des Leipziger Barockbaumeisters George Werner. Heute von mehrstöckigen Mietshäusern flankiert, lag es damals idyllisch vor den Toren der Stadt, erbaut auf dem Gelände zweier Gohliser Bauerngüter, die Richters zweiter Frau Christiana Regina, geb. Neuhauß (1724–1780), gehörten.

Mit Fest- und Billardsaal, einer Antikensammlung,

Gewächshaus, Kegelbahn und Garten – heute der letzte der berühmten Barockgärten, die Leipzig früher umgaben – bot es alle Annehmlichkeiten eines standesgemäßen Landsitzes.

Die Innenausstattung ließ erst der Leipziger Geschichtsprofessor und kursächsische Hofrat Johann Gottlob Böhme fertig stellen, den Richters Frau nach dessen Tod geheiratet hatte. Dazu gehört das Deckengemälde im Festsaal, ein Werk des prominenten Leipziger Künstlers Adam Friedrich Oeser, auch bekannt als Goethes Zeichenlehrer. ■

Franz Conrad **ROMANUS**

**Bürger-
meister
von Leipzig,
Jurist**
(geb. 1671
Leipzig –
gest. 1746
Festung
Königstein
bei Dresden)

**Leipzig-
Zentrum,
Katharinen-
straße 23/
Ecke Brühl,
„Romanus-
haus"**

Vier Jahre war er „König von Leipzig". Gegen den Willen des Stadtrats wurde der ausnehmend machtbewusste Franz Conrad Romanus, Sohn eines Leipziger Juristen und selbst Rechtsanwalt, 1701 durch den sächsischen Kurfürsten Friedrich August I. („der Starke") als Leipziger Bürgermeister eingesetzt. Bereits 1705 hatte er Amt und Ansehen verloren.

Bei der Bevölkerung war Romanus durch allerhand Neuerungen anfangs beliebt: Er führte Straßenlaternen und eine Art städtischen Sänftendienst ein, ließ eine Kanalisation anlegen und Hauptstraßen pflastern. Andererseits setzte er die hohen, von August geforderten Geldabgaben an den sächsischen Hof rigoros durch.

Romanus fiel über den Bau seines Stadtpalais auf dem Grundstück Katharinenstraße/Ecke Brühl, mit dem gleich nach Amtsantritt begonnen worden war. Da er sich mit den damals immensen Baukosten von 150 000

Talern übernommen hatte, scheute er kein Mittel, um sich Geld zu beschaffen. Er ließ ungedeckte Stadtschuldscheine ausstellen und fälschte Geldwechsel. In seinem Haus stellte man später einen Nachschlüssel zum Bürgermeisterpult, einen Wachsabdruck des Ratssiegels und Geldbeträge aus den Kassen von Stadtrat und Nikolaikirche, deren Vorsteher er war, sicher.

Romanus wurde im Januar 1705 verhaftet und zunächst in der Leipziger Pleißenburg sowie der Festung Sonnenstein bei Pirna festgehalten. Ende 1706 wurde er auf die sächsische Festung Königstein gebracht, wo der einstige Günstling des sächsischen Kurfürsten, ohne rechtskräftiges Urteil, bis zu seinem Tod im Jahr 1746 – wenn auch mit einigen Privilegien – mehr als 40 Jahre gefangen blieb.

Franz Conrad Romanus, um 1700

Seiner Frau Christiana Maria, geb. Brummer, mit der Romanus acht Kinder hatte – eine Tochter war die später als Schriftstellerin prominente » Christiana Mariana von Ziegler –, beließ man das Leipziger Stadthaus weiterhin als Wohnsitz, da man ihr die eingebrachte Mitgift nicht nehmen wollte.

Anfang des 18. Jahrhunderts war es das erste Barockpalais in der Katharinenstraße, „an Umfang wie Stil gleich neu und außerordentlich", so der Kunsthistoriker » Nikolaus Pevsner. Mit seinen monumentalen Prachtfassaden, den großen Fest- und Speisesälen und einem Belvedere samt Sommersaal auf dem Dach der zum Brühl gerichteten Seite setzte es nie wieder erreichte Maßstäbe barocker Architektur in Leipzig.

Linke Seite: Das Romanushaus, 1701–04 von Johann Gregor Fuchs erbaut. Mit Prachtfassaden zur Katharinenstraße und zum Brühl zeugt es vom barocken Selbstverständnis und Machtbewusstsein des damaligen Leipziger Bürgermeisters

Heute vermittelt es mit den angrenzenden Bürgerhäusern Nr. 19 (1748/49 erbaut) und Nr. 21 (ehemaliges Haus des Kaufmanns Gottlieb Benedict Zehmisch, 1750–52 von Friedrich Seltendorff erbaut) einen Rest barocken Glanzes im Leipziger Stadtzentrum und ist ein attraktiver Kontrast zum Glaskubus des gegenüberliegenden Museums der bildenden Künste aus dem Jahr 2004. ■

Ernst **ROWOHLT**

Verleger
(geb. 1887
Bremen –
gest. 1960
Hamburg)

**Leipzig-
Südvorstadt,
Alfred-
Kästner-
Straße 2**

*Hauseingang –
Detail*

*Ecke Fockestraße
befand sich
Rowohlts letzte
Leipziger
Wohnung
(Haus Mitte)*

Als Ernst Rowohlt 1907 nach Leipzig kam, war nicht abzusehen, dass er neben Samuel Fischer und Peter Suhrkamp nur wenige Jahre später zu den großen deutschen Verlegerpersönlichkeiten des 20. Jahrhunderts gehören würde, die mit preiswerten Taschenbüchern Millionen von Lesern den Zugang zur Weltliteratur ermöglichten.

In Leipzig begann der Kaufmannssohn, dem seine Ausbildung in einem Bremer Bankhaus nicht zugesagt hatte, zunächst ein Volontariat im angesehenen Musikverlag Breitkopf & Härtel, versuchte sich aber zugleich als Verleger: 1908 veröffentlichte er mit „Lieder der Sommernächte" einen ersten Privatdruck (der Verfasser Gustav Edzard war vermutlich ein Mitschüler aus Bremen). Im Jahr darauf – Rowohlt verbrachte damals einige Monate als Volontär in Paris – erschien unter dem selbstbewussten Impressum „Ernst Rowohlt, Paris-Leipzig" sein erstes Buch von literarischem Gewicht: Paul Scheerbarts Gedichtband „Katerpoesie".

Gemeinsam mit Kurt Wolff (1887–1963), der 1910 als Teilhaber in den Verlag eintrat, gewann Rowohlt schnell

interessante Autoren, darunter Max Dauthendey, Herbert Eulenberg, Hugo Ball, Georg Heym, Carl Hauptmann und Franz Kafka, mit dem die Verleger im Sommer 1912 in Leipzig zusammentrafen. Die im gleichen Jahr unter dem Titel „Betrachtung" bei Rowohlt erschienene Sammlung von Prosatexten war Kafkas erste Buchveröffentlichung überhaupt.

Ernst Rowohlt (re.) mit dem Schriftsteller Walter Hasenclever, um 1911

Anfang November 1912 verkaufte Rowohlt den Verlag an seinen Teilhaber, der ihn als Kurt Wolff Verlag allein weiterführte. Auch Rowohlts Ehe mit der Schauspielerin Emmy Reye, die erste seiner vier Ehefrauen, die er 1912 geheiratet hatte, scheiterte nach kurzer Zeit, und Rowohlt ging als Mitarbeiter des S. Fischer Verlags nach Berlin.

Zweimal noch rief er seinen berühmten Verlag neu ins Leben: 1919, nach Ende des Ersten Weltkriegs, gründete er „Rowohlt Berlin", den er mit literarischen Stars wie Kurt Tucholsky, Hans Fallada und Joachim Ringelnatz zu einem der erfolgreichsten Verlagshäuser der

Weimarer Republik ausbaute, und 1945 „Rowohlt Hamburg", mit den Autoren Arno Schmidt und Wolfgang Borchert, Jean-Paul Sartre und Simone de Beauvoir, Ernest Hemingway und William Faulkner einer der renommiertesten westdeutschen Verlage der Nachkriegszeit.

Rowohlts Leipziger Verlagssitz und erste Wohnung befanden sich im Gebäude der Offizin Drugulin in der Goldschmidtstraße 10 (früher Königsstraße, im Zweiten Weltkrieg zerstört), in unmittelbarer Nachbarschaft zum Haus des Komponisten ›› Felix Mendelssohn Bartholdy. Kurt Wolff betrieb seinen Verlag, bis zu seinem Weggang nach München im Jahr 1919, in der Kreuzstraße 3b im Grafischen Viertel. ■

Friedrich von **SCHILLER**

**Schriftsteller,
Kritiker,
Historiker**
(geb. 1759
Marbach –
gest. 1805
Weimar)

**Leipzig-
Gohlis-Süd,
Mencke-
straße 42**

„Ich habe keine Seele hier, keine einzige, die die Leere meines Herzens füllte, keine Freundin, keinen Freund [...] ich muß Leipzig und Sie besuchen. O meine Seele dürstet nach [...] nach Freundschaft, Anhänglichkeit und Liebe [...]. Werden Sie mich wohl aufnehmen?", schrieb Friedrich Schiller am 22. Februar 1785 aus Mannheim an den Leipziger Juristen und Schriftsteller Christian Gottfried Körner (1756 – 1831).

Ganz im Freundschaftskult damaliger Zeit hatte Körner, gemeinsam mit seiner späteren Frau Minna Stock, deren Schwester Dora und dem Schriftsteller Ludwig Ferdinand Huber, Schiller 1784 nach Leipzig eingeladen. Sie verehrten ihn als Dichter der „Räuber" (1781) und des Verschwörungsdramas „Fiesco" (1783) – ohne ihn bisher persönlich zu kennen.

Schiller als junger Mann (Gemälde von Philipp Friedrich Hetsch, 1782)

Trotz seines beginnenden Ruhmes befand sich Schiller zu diesem Zeitpunkt in einer existenziellen Krise. Er hatte Schulden und das Mannheimer Theater hatte seinen Vertrag als Theaterdichter nicht verlängert. Der wohlsituierte Körner schickte ihm Geld, sodass Schiller seine finanziellen Verpflichtungen begleichen und am 9. April 1785 nach Leipzig abreisen konnte.

Nach den ersten Wochen, die er in einem Studentenzimmer in der Hainstraße 5 in der Leipziger Altstadt verbracht hatte, bezog er auf Einladung seiner Freunde Anfang Mai das kleine Bauernhaus in Gohlis, damals noch ein Dorf vor den Toren Leipzigs. Um Sommerfrischler beherbergen zu können, war das Gebäude, ursprünglich ein Wohnstallhaus aus dem Jahr 1717, um 1750 umgebaut und aufgestockt worden. Schiller teilte es sich mit einem weiteren Gast: dem Verleger Georg Joachim Göschen (1752–1828), der ebenfalls zum Freundeskreis um Körner gehörte und später einen Teil der Schillerschen Werke publizierte.

In zwei zur Straße gelegenen Dachstübchen fand Schiller Ruhe und Muße für seine schriftstellerische

Arbeit. Er schrieb an seinem Drama „Don Carlos", das 1787 bei Göschen erschien, bearbeitete den „Fiesco" für die Leipziger Bühne und verfasste seine „Ode an die Freude", die als von Körner vertonter „Rundgesang für freye Männer" zwar bereits 1786 veröffentlicht, aber erst durch Beethovens Vertonung im Schlusschor seiner 9. Sinfonie (1824 uraufgeführt) weltberühmt wurde.

Schiller verließ Gohlis am 11. September 1785, um seinem Freund Körner, der sein lebenslanger Vertrauter und Förderer blieb, nach Dresden zu folgen. Das abrissgefährdete Gohliser Bauernhäuschen wurde 1856, als sich der Schillerkult bereits in ganz Deutschland ausgebreitet hat-

Straßenfront mit ‚Ehrenpforte'

te, vom Schillerverein übernommen. Die sogenannte ‚Ehrenpforte' am Straßenzaun war bereits 1841 errichtet worden (1911 erneuert). Heute ist das „Schillerhäuschen" das älteste erhaltene Bauernhaus im Leipziger Stadtgebiet und die älteste deutsche Literaturgedenkstätte. ∎

Schillers Sommerquartier: Das Gohliser Bauernhäuschen bewohnte er vom 7. Mai bis 10. September 1785. Heute befindet sich hier eine Schiller-Gedenkstätte

Auguste **SCHMIDT**

**Pädagogin,
Frauen-
rechtlerin,
Schrift-
stellerin**
(geb. 1833
Breslau –
gest. 1902
Leipzig)

**Leipzig-
Zentrum-
Nordwest
(Waldstraßen-
viertel),
Lortzing-
straße 5**

Auguste Schmidt, eine der heute weniger bekannten Frauenrechtlerinnen des 19. Jahrhunderts, galt damals als „Seele der deutschen Frauenbewegung". Dem Engagement für die Bildung von Frauen widmete sie ihr Leben.

Die studierte Lehrerin mit Schulvorsteherinnenexamen kam 1861 nach Leipzig, um die Latzelsche höhere Privattöchterschule zu leiten. 1870 übernahm sie das in der Nordstraße 23 gelegene Steybersche Erziehungsinstitut, das sie zu einer zehnklassigen Mädchenschule ausbaute, die bald Schülerinnen aus ganz Europa, vereinzelt sogar aus Amerika und Australien, nach Leipzig zog. Auch Clara Zetkin (1857–1933), später eine der prominentesten KPD-Politikerinnen der Weimarer Republik, besuchte von 1874 bis 1878 die Schmidtsche Schule.

Auguste Schmidt

Da Mädchen damals noch keinen Zugang zu öffentlichen Gymnasien hatten, bot Schmidt bald auch Abiturkurse an. Um ihren Schülerinnen einen höheren Schulabschluss auch finanziell zu ermöglichen, richtete sie 1885 einen eigenen Stipendienfond ein.

Ihr Einsatz für die Rechte der Frauen ging weit über das Unterrichten von Mädchen hinaus. Gemeinsam mit Ottilie von Steyber (1804 – 1870), ihrer Vorgängerin am Steyberschen Schulinstitut, Henriette Goldschmidt (1825 – 1920) und ihrer langjährigen Leipziger Freundin und Mitstreiterin Louise Otto-Peters (1819 – 1895) gründete sie 1865 den Allgemeinen Deutschen Frauenbildungsverein. 1890 gehörte sie zu den Initiatorinnen des Allgemeinen Deutschen Lehrerinnenvereins und später zum Vorstand des Bundes Deutscher Frauenvereine. Rhetorisch begabt und von charismatischer Ausstrahlung forderte Schmidt auf zahllosen Kongressen bessere Bildungschancen für Mädchen und Frauen aller Gesellschaftsschichten. Sie verlangte die Öffnung der Universitäten für weibliche Studierende, den Zugang zu akademischen Berufen und Beschäftigungsmöglichkeiten für bürgerliche Frauen, die als Ehefrau und Mutter wirtschaftlich meist vollkommen abhängig waren – Forderungen, die erst Jahrzehnte später Realität zu werden begannen: 1893 wurde in Karlsruhe das erste Mädchengymnasium eröffnet und 1901 an den Universitäten Heidelberg und Freiburg die ersten Studentinnen immatrikuliert.

Schmidt, die zeit ihres Lebens unverheiratet blieb und mit ihrer Mutter und ihrer verwitweten Schwester Anna zusammenlebte, schrieb auch Novellen („Tausendschön" und „Veilchen", beide 1868 erschienen) und Erzählungen („Aus schwerer Zeit", 1895) und war ab 1895 verantwortlich für die ADF-Vereinszeitschrift „Neue Bahnen". ■

Links im Bild das Haus, das Auguste Schmidt, die vierzig Jahre in Leipzig wirkte, 1863/64 bewohnte

Clara **SCHUMANN**

Pianistin, Komponistin
(geb. 1819 Leipzig –
gest. 1896
Frankfurt/
Main)

Leipzig-Zentrum-Ost, Inselstraße 18, Museum „Schumann-haus"

Clara Schumann (Lithografie von Andreas Staub, 1838)

„Klärchen, ich freue mich erschrecklich darauf, und wenn wir Tag u. Nacht zusammen sein können. Denk nur das Glück", schrieb Robert Schumann am 10. August 1840

an seine Braut Clara Wieck über die erste gemeinsame Wohnung in der Inselstraße 18.

Nach erzwungenen Trennungen, Kontaktverboten und ermüdenden Auseinandersetzungen mit Claras Vater, der seine Einwilligung zu ihrer Hochzeit verweigert hatte, wurden sie mit einer gerichtlich erwirkten Heiratserlaubnis am 12. September 1840 in der Gedächtniskirche Leipzig-Schönefeld getraut. Einen Tag später, an Claras 21. Geburtstag, bezogen sie ihre Wohnung in der ersten Etage des damals neu erbauten Hauses, in dem sie ihre wohl glücklichste gemeinsame Zeit verbrachten. „Überhaupt gefällt es mir in meiner Inselstraße, dass ich gar kein Verlangen nach anderem trage", schrieb Robert Schumann im Juni 1842 ins „Ehetagebuch".

In der Inselstraße wurden Marie und Elise, die ältesten ihrer insgesamt acht Kinder, geboren. Im großen Salon

fanden Hauskonzerte und Empfänge für prominente Musikerkollegen statt, darunter der Leipziger Freund >> Felix Mendelssohn Bartholdy, Franz Liszt und Hector Berlioz.

In seinem zum Garten gelegenen Arbeitszimmer komponierte Robert Schumann u.a. seine 1. Sinfonie op. 38, „Frühlingssinfonie", die am 31. März 1841 im Leipziger Gewandhaus uraufgeführt wurde. Es entstanden auch gemeinsame Kompositionen von Clara und Robert Schumann, darunter die „Zwölf Lieder nach Friedrich Rückerts ‚Liebesfrühling' " op. 37/12.

Während er zwar als Musikjournalist geschätzt wurde – Schumann gab seit 1834 die „Neue Zeitschrift für Musik" heraus –, sich aber als Komponist noch nicht etabliert hatte, war Clara Schumann schon damals eine Star-Pianistin, auf deren Konzerteinnahmen die wachsende Familie lange angewiesen blieb.

Von klein auf war sie durch ihren ehrgeizigen Vater, den Musikpädagogen Friedrich Wieck, zur Klaviervirtuosin ausgebildet worden, hatte 1830 im Leipziger Gewandhaus debütiert und auf zahlreichen Tourneen europaweit Erfolge gefeiert. Den neun Jahre älteren Schumann hatte sie bereits als Achtjährige erstmals getroffen und näher kennen gelernt, als er nach abgebrochenem Jurastudium bei ihrem Vater Klavierunterricht nahm.

Ihre Leipziger Kindheitsadressen sind heute zerstört: Das Geburtshaus „Hohe Lilie" am Neumarkt (heute dort Karstadt), die spätere Wohnung in „Selliers Hof" in der Grimmaischen Straße 36, in der auch Schumann als Schüler Wiecks 1830 zwei Zimmer gemietet hatte, sowie die 1835 bezogene Nikolaistraße 555 [sic !].

Auch Robert Schumanns Studentenunterkünfte, u.a. im Roten Kolleg am Brühl 454 [sic !], sind nicht erhalten, sodass das Haus in der Inselstraße heute die einzige noch vorhandene Adresse des berühmten Musikerpaares in Leipzig ist. ■

Komponist, Musikschriftsteller (geb. 1810 Zwickau – gest. 1856 Endenich/ heute zu Bonn)

Leipzig-Zentrum-Ost, Inselstraße 18, Museum „Schumannhaus"

Robert Schumann (Lithografie von Josef Kriehuber, 1839)

Linke Seite: Das spätklassizistische Haus, 1838–40 von Friedrich August Scheidel erbaut, war von September 1840 bis zur Übersiedlung nach Dresden Ende 1844 Wohnsitz des berühmten Musikerpaares. Heute befindet sich hier das Museum „Schumannhaus"

Max SCHWIMMER

**Maler,
Grafiker,
Illustrator**
(geb. 1895
Leipzig –
gest. 1960
Leipzig)

**Leipzig-
Zentrum-
West,
Gottsched-
straße 4**

Max Schwimmer

Max Schwimmer, eigentlich ausgebildeter Schullehrer, gehörte zwar nie zu den Stars der internationalen Kunstszene, machte sich aber als vielseitiger Künstler einen guten Namen. Er war Pressezeichner für die „Wochenpost" und die „Leipziger Volkszeitung", illustrierte rund 100 Bücher, darunter Heines „Deutschland – Ein Wintermärchen", Goethes „Römische Elegien" und Tucholskys „Schloss Rheinsberg", und war auch als Maler in der Tradition von Matisse, Beckmann und Picasso auf der Höhe der Zeit.

Nach 1945 lehrte Schwimmer als Dozent an der Hochschule für Grafik und Buchkunst und leitete die Leipziger Kunstgewerbeschule, an der er schon in den 1920er-Jahren unterrichtet hatte – bis zu seiner Entlassung durch die Nazis im Jahr 1933. Seine moderne Kunstauffassung kollidierte auch jetzt mit dem offiziellen Kanon. Von tonangebenden Stalinisten diffamiert, wechselte er deshalb 1951 an die Kunsthochschule in Dresden, allerdings ohne seinen Wohnsitz in der Leipziger Gottschedstraße aufzugeben.

Aufgewachsen ist Schwimmer als Sohn eines mittellosen Fabrikbuchbinders in der Henricistraße 38 im Stadtteil Lindenau, wo er auch begraben ist. Eigene Wohnungen befanden sich u.a. in der Gohliser Lützowstraße 26.

Viele seiner Werke, darunter das Gemälde „Sitzende mit Hut" (1931), befinden sich im Leipziger Museum der bildenden Künste. ■

In dem repräsentativen Wohn- und Geschäftshaus lebten und arbeiteten Max Schwimmer und seine Frau Ilske (1915 – 1969) seit Ende 1950. Im Vordergrund, auf dem ehemaligen Standort der Leipziger Großen Synagoge, das aus 140 Bronzestühlen bestehende Mahnmal zur Erinnerung an die Novemberpogrome von 1938 (2001 geschaffen durch die Leipziger Architekten Sebastian Helm und Anna Dilengite)

Nathan **SÖDERBLOM**

Was hat ein schwedischer Theologe mit Leipzig zu tun? Nathan Söderblom, gleichzeitig Professor in Uppsala, lehrte seit 1912 an der Leipziger Universität – am ersten deutschen Lehrstuhl für Religionsgeschichte. Bereits im Mai 1914 jedoch kehrte er nach Schweden zurück: Überraschend war er zum Erzbischof von Schweden und damit zum Oberhaupt der Schwedischen Staatskirche gewählt worden.

Ev. Theologe
(geb. 1866
Trönö –
gest. 1931
Uppsala/
Schweden)

**Leipzig-
Gohlis-Süd,
Stallbaum-
straße 12**

Söderblom, der als charismatische Persönlichkeit und ausgezeichneter Redner galt, fließend Latein, Französisch, Englisch und Deutsch sprach und an der Pariser Sorbonne promoviert hatte, war ein äußerst vielseitiger Theologe: Er hatte als Pfarrer gearbeitet – lange Jahre für die schwedische Gemeinde in Paris –, tat sich als Lutherforscher hervor, verfasste und komponierte Kirchenlieder.

*Nathan
Söderblom*

Prominent wurde er als maßgebende Kraft der christlichen Ökumene. Auf seine Initiative geht die Weltkonferenz der Kirchen zurück, die 1925 mit 37 beteiligten Ländern in Stockholm stattfand. Aufgrund seines engagierten, lebenslangen Einsatzes für die Einheit der Kirchen und den Weltfrieden wurde Söderblom 1930 der Friedensnobelpreis verliehen. ■

*Eine Gedenktafel
am Eingang
erinnert an den
Aufenthalt des
schwedischen
Theologen in
diesem Haus von
1913 bis 1914*

Gustav **STRESEMANN**

**Politiker,
Minister**
(geb. 1878
Berlin –
gest. 1929
Berlin)

**Leipzig-
Zentrum-
West,
Gottsched-
straße 25**

*Gustav
Stresemann,
1929*

Als Gustav Stresemann im Frühjahr 1898 nach Leipzig kam, ahnte niemand, dass er einmal einer der prominentesten Politiker der Weimarer Republik sein würde. Der Sohn eines kleinen Berliner Bierlieferanten studierte an der Leipziger Universität Nationalökonomie und promovierte über „Die Entwicklung des Berliner Flaschenbiergeschäfts", ein Thema, mit dem er sich später den Spott seiner politischen Gegner zuzog.

1901 ging er als stellvertretender Geschäftsführer des Verbandes der deutschen Schokoladenhersteller nach Dresden, fand aber als nationalliberaler Reichstagsabgeordneter und späterer Gründer der deutschen Volkspartei bald in die aktive Politik. Als Reichsaußenminister und kurzzeitig auch als Reichskanzler machte er sich wie kaum ein anderer Politiker um die Weimarer Republik verdient: Stresemann beendete die verheerende Inflation des Jahres 1923, erreichte 1924 den Abzug der französischen Besatzung aus dem Ruhrgebiet und verhandelte mit Erfolg eine Revision des Versailler Vertrags, der die deutschen Reparationsleistungen nach dem Ersten Weltkrieg regelte. Er verhalf Deutschland wieder zu Stabilität und Ansehen und bewirkte dessen Aufnahme in den Völkerbund. Für seine einzigartige Versöhnungspolitik erhielt Stresemann gemeinsam mit seinem französischen Amtskollegen Aristide Briand 1926 den Friedensnobelpreis. ■

In dem gediegenen Mietshaus (re.) wohnte Stresemann zwischen 1899 und 1901. Im Dachgeschoss wuchs zur gleichen Zeit ≫ Walter Ulbricht auf. 1886/87 hatte ≫ Gustav Mahler eine Wohnung in der zweiten Etage

1964 beschwerte sich Georg Trexler beim Rat des Bezirks Leipzig, dass „sein künstlerisches Schaffen" in der DDR „total ausgeschaltet" werde, während seine Arbeiten „bei westdeutschen und westeuropäischen Kulturträgern zur Aufführung gelangen" würden.

Trexler übte einen Beruf aus, dem der SED-Staat keinerlei Interesse entgegenbrachte: Er war katholischer Kirchenmusiker. Erst nach einer Banklehre und einem abgebrochenen Jurastudium an der Universität Leipzig fand er zur Musik. Er studierte in den 1920er-Jahren am Kirchenmusikalischen Institut des Leipziger Konservatoriums und erhielt angesehene Ämter als Kirchenmusiker: als langjähriger Organist, Kantor und Chorleiter an der katholischen Propstei- und Stadtpfarrkirche (bis 1971) und Professor für katholische Liturgie und Orgel an der Musikhochschule. Auch seine Kompositionen fanden durchaus Beachtung, wenn auch nur seine weltlichen Werke wie das „Konzert in D", das 1963 im Gewandhaus uraufgeführt wurde.

Bevor Trexler seine Wohnung im Waldstraßenviertel bezog, lebte er mit seiner Familie in der Karl-Heine-Straße 5 sowie in der Nonnenstraße 28 im Stadtteil Plagwitz. Seine letzte Ruhe fand er, wie viele prominente Leipziger Künstler, auf dem Südfriedhof. ◼

Kirchenmusiker, Komponist
(geb. 1903 Pirna – gest. 1979 Leipzig)

Leipzig-Zentrum-Nordwest (Waldstraßenviertel), Tschaikowskistraße 10

Georg Trexler mit Tochter Ursula, 1936

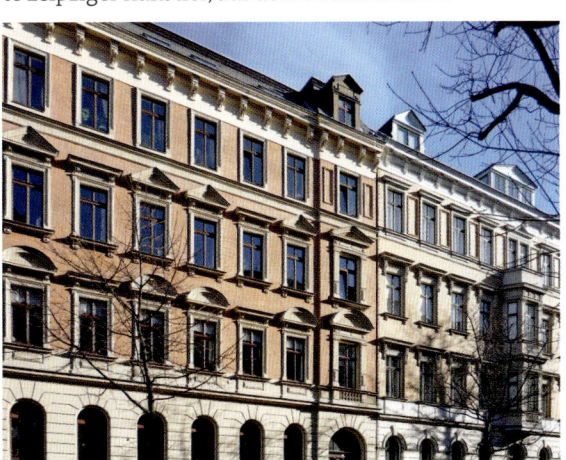

Trexlers letzte Wohnadresse: Im linken Haus lebte der Kirchenmusiker von 1948 bis zu seinem Tod

Werner **TÜBKE**

**Maler,
Grafiker**
(geb. 1929
Schönebeck/
Elbe –
gest. 2004
Leipzig)

**Leipzig-
Gohlis-Süd,
Springer-
straße 5**

>> Walter Ulbricht ließ ihm Großaufträge zukommen, kritisierte seine Gemälde jedoch zugleich als ‚unsozialistisch'. Im Westen galt er als DDR-Propagandakünstler oder ‚unmoderner' Einzelgänger. Alle jedoch faszinierte sein altmeisterliches Können: Werner Tübke war einer der prominentesten, umstrittensten und wohl auch missverstandensten ostdeutschen Künstler seiner Zeit.

Er studierte an der Leipziger Hochschule für Grafik und Buchkunst, an der er später lehrte, ab 1972 Professor und von 1973 bis 1976 Rektor war. Mit >> Wolfgang Mattheuer und Bernhard Heisig begründete er die legendäre ‚Leipziger Schule', aus der später die ‚Neue Leipziger Schule' mit dem Superstar der heutigen Kunstszene Neo Rauch hervorging.

In Leipzig entstanden auch Tübkes große Auftragsarbeiten: die monumentalen Tafelbilder „Die fünf Kontinente" im ehemaligen Hotel Astoria am Hauptbahnhof

Werner **TÜBKE**

(1958, inzwischen abgenommen) sowie sein Wandgemälde „Arbeiterklasse und Intelligenz" im Foyer des Universitäts-Hauptgebäudes (1973, z. Zt. abgenommen).

Mit den Inhalten seiner Bilder setzte er sozialistische Wertvorstellungen zwar um – so thematisieren „Die fünf Kontinente" Eroberung und Unterdrückung –, sein Malstil jedoch war kein „Sozialistischer Realismus". Mit Rückbezügen auf Altmeister der Kunstgeschichte wie Brueghel, Dürer, Tintoretto oder El Greco entwickelte Tübke, der sich selbstbewusst dazu bekannte, nie ‚modern' gewesen zu sein, einen figurenreichen ‚magischen Realismus' – von Ulbricht als „intellektualistischer Formalismus und Symbolismus" gering geschätzt und 1968 Grund für seine Entlassung als Hochschuldozent, die erst nach Studentenprotesten zurückgenommen wurde.

Werner Tübke. Im Hintergrund sein „Selbstbildnis mit roter Kappe", 1988 (heute Tübke Stiftung Leipzig)

Wie sehr ihn die DDR-Obrigkeit trotz allem schätzte, zeigt sein über 1700 Quadratmeter umfassendes Monumentalgemälde zum deutschen Bauernkrieg im Panoramamuseum Bad Frankenhausen: der größte in der DDR jemals erteilte Bildauftrag, an dem Tübke von 1976 bis 1989 arbeitete.

Viele seiner Gemälde hängen heute im Leipziger Museum der bildenden Künste, darunter „Die Lebenserinnerungen des Dr. jur. Schulze" aus seinem gleichnamigen Bilderzyklus, der sich mit NS-Willkürjustiz auseinandersetzt und von SED-Funktionären wegen seiner „metaphysischen Sinnbildhaftigkeit" kritisiert wurde.

Linke Seite: Nobler Wohnsitz eines Künstlerfürsten: In der Gohliser Villa lebte und arbeitete Tübke von 1977 bis zu seinem Tod. Seine Wohnung lag in der ersten Etage, das Atelier im Dachgeschoss. Heute zeigt die Tübke Stiftung Leipzig hier eine Auswahl seiner Werke

Bevor sich Tübke, der aus drei Ehen drei Kinder hatte, in der Gohliser Villa niederließ, lebte er Am Bogen 12 und im Rübezahlweg 10 in der Leipziger Gartenstadt Marienbrunn, ab 1954 in der Scharnhorststraße 2 in der Südvorstadt und von 1960 bis 1975, als Wohnungsnachbar seines Kollegen Mattheuer, in der Hauptmannstraße 1.

Auf dem Leipziger Südfriedhof ist Tübke bestattet. ■

Walter **ULBRICHT**

SED-Politiker, Tischler
(geb. 1893 Leipzig – gest. 1973 Groß Dölln bei Berlin)

Leipzig-Zentrum-West, Gottsched-straße 25

Sein oft bespöttelter Dialekt verriet stets seine Herkunft: Walter Ulbricht stammte aus Leipzig. Er war das erste von drei Kindern des Schneiders Ernst August Ulbricht. Die Familie war arm und musste häufig in billigere Wohnungen wechseln: im Jahr 1900 in die nahe gelegene Alexanderstraße 14, 1910 in die Alexanderstraße 5 und 1917 in das Haus Naundörfchen 26. Den Besuch einer höheren Schule konnte sich Ulbricht, der als ehrgeizig, strebsam und vielseitig interessiert galt, nicht leisten. Er lernte Möbeltischler, bildete sich aber im Arbeiterjugendbildungsverein weiter.

Da beide Eltern überzeugte Sozialisten waren, kam er früh mit linken Organisationen in Berührung. Ulbricht war in der Sozialistischen Arbeiterjugend organisiert, wurde später SPD-Mitglied und gehörte 1919 zu den Mitbegründern der KPD in Leipzig, wo er zügig Karriere machte: Von 1926 bis 1929 saß er als Abgeordneter im Sächsischen Landtag und bis zur NS-Machtergreifung 1933 im Berliner Reichstag. Seine damalige Ehe – er hatte 1920 die Leipziger Maschinennäherin Martha Schmellinsky geheiratet, mit der er eine Tochter bekam – scheiterte bereits nach kurzer Zeit, da Ulbricht als Parteiaktivist kaum zu Hause war. „[...] und ich dachte damals", sagte seine Frau rückblickend, „ich hätte einen Tischler geheiratet."

1945 aus dem Moskauer Exil zurückgekehrt, stieg Ulbricht schnell zu einem der mächtigsten Politiker der neugegründeten DDR auf. Mehr als zwanzig Jahre lang war er Erster Sekretär des ZK (Zentralkomitees) der SED und ab 1960 als DDR-Staatsratsvorsitzender schließlich auch Staatsoberhaupt – bis er 1971 von Gegnern in der eigenen Partei aus „gesundheitlichen Gründen" zum Rücktritt

gezwungen wurde und die Macht an seinen Nachfolger Erich Honecker (1912–1994) abtreten musste.

In Ulbrichts Ära fiel der Bau der Mauer als ‚antifaschistischer Schutzwall' am 13. August 1961, den er im Juni desselben Jahres während einer Pressekonferenz mit seinem legendären Satz „Niemand hat die Absicht, eine Mauer zu errichten!" noch dementiert hatte.

Walter Ulbricht

Mit seinem Plan, Leipzig zum „Schaufenster des sozialistischen Arbeiter- und Bauernstaates" auszubauen, sorgte Ulbricht in seiner Heimatstadt für anhaltenden Unmut in der Bevölkerung: Für die Umgestaltung des Augustusplatzes (damals Karl-Marx-Platz) ließ er am 30. Mai 1968 die im Zweiten Weltkrieg fast unversehrt gebliebene gotische Paulinerkirche (seit 1543 Eigentum der Universität, daher auch „Universitätskirche") sprengen. Mehr als vierzig Jahre nach ihrer sinnlosen Zerstörung wurde sie als Teil des neugestalteten Universitäts-Campus („Paulinum") in modernen Formen wieder erschaffen. ■

Ulbricht wurde am 30. Juni 1893 im Dachgeschoss geboren. Im selben Haus wohnten zeitweise der spätere Reichsaußenminister der Weimarer Republik ›› Gustav Stresemann und der Komponist ›› Gustav Mahler

Lene **VOIGT**

**Mundart-
dichterin**
(geb. 1891
Leipzig –
gest. 1962
Leipzig)

**Leipzig-
Reudnitz,
Reichpietsch-
straße 51**

Der sächsische Dialekt war das Markenzeichen ihrer Literatur, ihre größten Bucherfolge hießen „Säk'sche Glassigger" (1925) und „Säk'sche Balladen". Dabei ‚übersetzte' Lene Voigt (zumeist deutsche) Klassiker nicht etwa nur ins Sächsische, sondern schuf ganz eigenständige, urkomische Nach- und Umdichtungen wie „De Reiwr" nach Schiller und „Dr Erlgeenich" nach Goethe.

1936 wurden ihre Bücher als ‚Verspottung deutscher Klassiker' verboten. Sie geriet in Vergessenheit, in der DDR wurde sie nicht mehr gedruckt: Sächsisch hätte als Parodie auf den in Leipzig aufgewachsenen DDR-Regierungschef >> Walter Ulbricht aufgefasst werden können. Erst in den 1980er-Jahren entdeckten Leipziger Kabarettisten Voigts Werk wieder.

Ihr persönliches Leben war schwer: 1924 Tod ihres fünfjährigen Sohns Alfred, 1929 Scheidung von dem Orchestermusiker Otto Voigt, später die Diagnose Schizophrenie, mit der sie 1946 in die Psychiatrische Klinik in Leipzig-Dösen kam. Auch nach ihrer Heilung blieb Voigt hier wohnen, arbeitete in der Anstaltsverwaltung und dichtete weiter.

Weitere Adressen lagen u.a. in der Südvorstadt, Schletter Straße 18 (heute Neubau) sowie in der Ludwigstraße Nr. 40 und 46 im Bezirk Volkmarsdorf, wo sie als Tochter eines Schriftsetzers die ersten sechs Lebensjahre verbracht hatte. Ihr Grab befindet sich auf dem Südfriedhof. ■

„Doch jedes Bein, das mir geschtellt, das bracht mich weiter uff dr Welt. Nu grade!": Die couragierte Sächsin Lene Voigt

Eine ihrer zahlreichen Adressen: Die Schriftstellerin lebte hier in den Jahren 1920 bis 1925

Mary Wigman war eine der bedeutendsten Vertreterinnen des modernen Ausdruckstanzes. Mit exzentrischen Auftritten zu Trommelstücken oder musiklosen Choreografien, häufig in archaisch-antikischen Kostümen, waren sie und ihr Ensemble international bekannt geworden. Anfangs auch im NS-Regime geschätzt – bei der Eröffnungsfeier der Olympischen Spiele 1936 in Berlin war sie mit ihrer Choreografie „Totenklage" aufgetreten – galt sie wenig später als ‚unerwünscht'.

Da sie auf Druck der Nazis ihre langjährige Dresdener Tanzschule aufgeben musste, folgte sie einem Angebot, die Abteilung Tanz an der Leipziger Musikhochschule zu leiten. Sie kam im Frühjahr 1942 nach Leipzig und bezog, nach einer ersten Unterkunft im Erdgeschoss des Hauses am Nordplatz 7, im Oktober ihre Wohnung in der Mozartstraße.

Statt wieder als Hochschullehrerin zu arbeiten, eröffnete Wigman hier wenige Monate nach Ende des Zweiten Weltkriegs ihre private Tanzschule, übersiedelte jedoch aus Furcht vor erneuter ideologischer Vereinnahmung Anfang Juli 1949 – drei Monate vor Gründung der DDR – nach Westberlin, wo sie bis ins hohe Alter ihr „Wigman-Studio" betrieb.

„In Leipzig hat man Sie geliebt", schrieb ihr eine Mitarbeiterin des Volksbildungsamtes zum Abschied, „in Berlin wird man Sie nur schätzen." ∎

Tänzerin, Tanzpädagogin (geb. 1886 Hannover – 1973 Berlin/West)

Leipzig-Zentrum-Süd (Musikviertel), Mozartstraße 17

Mary Wigman tanzt das „Schicksalslied", 1935

Im ersten Stock des 1898 durch den Architekten Alfred Ludwig erbauten Gründerzeit-Hauses befanden sich von 1942 bis 1949 Wohnung und Tanzschule von Mary Wigman

Christiana Mariana von **ZIEGLER**

**Schrift-
stellerin,
Musikerin**
(geb. 1695
Leipzig –
gest. 1760
Frankfurt/
Oder)

**Leipzig-
Zentrum,
Katharinen-
straße 23,
„Romanus-
haus"**

*Christiana Maria-
na von Ziegler
(Kupferstich von
Martin Bernige-
roth, 1728)*

*Ihr Elternhaus:
das Palais
Romanus (re.).
Hier unterhielt
sie später einen
literarisch-musi-
kalischen Salon,
in dem Johann
Sebastian Bach
und der Schrift-
steller und Uni-
versitätsprofessor
Johann Christoph
Gottsched ver-
kehrten*

„Wenn ein Frauenzimmer von Jugend auf sich der Erlernung dergleichen Gelehrsamkeit weyhet, [...] warum sollte es nicht eben denjenigen Vortheil erhalten, den das Männliche Geschlechte erlanget?", fragte sie 1731 in ihrer Schrift „Moralische und Vermischte Send-Schreiben".

Mit der Forderung nach weiblicher Gleichberechtigung in Wissenschaft und Kunst war Christiana Mariana von Ziegler ihrer Zeit voraus. Von Haus aus wohlhabend, selbstbewusst und von „männlichem Geist" verfasste sie Lyrik, Briefessays zu moralischen Themen und teilweise von Bach vertonte Kantaten – mit Erfolg: Sie wurde das erste weibliche Mitglied in Johann Christoph Gottscheds „Deutscher Gesellschaft" zur Förderung der deutschen Sprache und Literatur, und die Universität Wittenberg verlieh ihr den Titel „Kaiserlich gekrönte Poetin".

Privat hatte sie Schweres erlebt: Ihr Vater, der Leipziger Bürgermeister >> Franz Conrad Romanus, kam in Festungshaft, als sie zehn Jahre alt war, ihre ersten beiden Männer, Heinrich Levin von Könitz und der Offizier Georg Friedrich von Ziegler, starben nach kurzer Ehe. Ihre beiden Töchter erreichten das Erwachsenenalter nicht.

Die letzten 19 Lebensjahre verbrachte von Ziegler, in dritter Ehe mit dem Geschichts- und Völkerrechtsprofessor Wolf Balthasar Adolf von Steinwehr verheiratet, in Frankfurt/Oder. ∎

Gohlis-Süd

Lützowstraße 19
(Adolf Bleichert)

Menckestraße 18
(Georg Maurer)

Menckestraße 23
(Johann Caspar Richter)

Menckestraße 42
(Friedrich von Schiller)

Springerstraße 5
(Werner Tübke)

Stallbaumstraße 12
(Nathan Söderblom)

Leutzsch

Grabaustraße 11
(Gustav Hertz)

Hans-Driesch-Straße 2
(Anton Mädler)

Rathenaustraße 23
(Carl Friedrich Goerdeler)

Lindenau

Karl-Heine-Straße 2
(Max Klinger)

Lützner Straße 11
(Ferdinand Goetz)

Reudnitz

Reichpietschstraße 51
(Lene Voigt)

Schleußig

Könneritzstraße 1
(Carl Heine)

Pistorisstraße 28
(Hildegard Maria Rauchfuß)

Wilhelm-Wild-Straße 8
(Ernst Bloch)

Südvorstadt

Alfred-Kästner-Straße 2
(Ernst Rowohlt)

Schenkendorfstraße 61
(Hans Fallada)

Volkmarsdorf

Elisabethstraße 15
(Bruno Apitz)

Ludwigstraße 105
(Uwe Johnson)

Zentrum

Hainstraße 8
(Alexander Nikolajewitsch Radischtschew)

Katharinenstraße 11
(Christian Gottlob Frege d.J.)

Katharinenstraße 23
(Franz Conrad Romanus & Christiana Mariana von Ziegler)

Thomaskirchhof 16
(Georg Heinrich Bose)

Zentrum-Nordwest

Gustav-Adolf-Straße 12
(Gustav Mahler)

Gustav-Adolf-Straße 14
(August Bebel)

Christianstraße 19
(Jacques Mieses)

Hinrichsenstraße 32
(Friedrich Nietzsche)

Lortzingstraße 5
(Auguste Schmidt)

Tschaikowskistraße 10
(Georg Trexler)

Tschaikowskistraße 13
(Sir Bernard Katz)

Tschaikowskistraße 23
(Hans Mayer)

Zentrum-Ost

Chopinstraße 13
(Theodor Mommsen)

Czermaks Garten 7
(Erich Kästner)

Hofmeisterstraße 14
(Hanns Eisler)

Inselstraße 18
(Clara & Robert Schumann)

Zentrum-Süd

Braustraße 15
(Karl & Wilhelm Liebknecht)

Karl-Tauchnitz-Straße 11
(Edgar Julius Herfurth)

Karl-Tauchnitz-Straße 33
(Alfred Kröner)

Schwägrichenstraße 11
(Elsa Asenijeff & Sir Nikolaus Pevsner)

Mozartstraße 8
(Klaus Renft)

Mozartstraße 17
(Mary Wigman)

Zentrum-Südost

Goldschmidtstraße 12
(Felix Mendelssohn Bartholdy)

Seeburgstraße 45
(Johann Heinrich Linck d.J.)

Talstraße 10
(Edvard Grieg)

Zentrum-West

Gottschedstraße 4
(Max Schwimmer)

Gottschedstraße 25
(Gustav Stresemann, Walter Ulbricht & Gustav Mahler)

Hauptmannstraße 1
(Wolfgang Mattheuer)

Hillerstraße 9
(Max Pommer)

Karl-Tauchnitz-Straße 6
(Fritz von Harck)

Käthe-Kollwitz-Straße 64/66
(Fritz Baedeker)

Käthe-Kollwitz-Straße 70
(Oscar Mothes)

Käthe-Kollwitz-Straße 115
(Herrmann Julius Meyer)

Lessingstraße 21
(Paul Möbius)

KLEINE AUSWAHL ZERSTÖRTER ADRESSEN

Johann Sebastian Bach (1685–1750), Komponist, Thomaskantor
Zentrum, Thomaskirchhof 18: Kantorenwohnung in der Thomasschule
(heute dort Pfarramt St. Thomas)

Carl Gustav Carus (1789–1869), Arzt, Maler
Zentrum-West, Ranstädter Steinweg 14, Gasthaus „Zum Blauen Lamm":
sein Geburtshaus

Theodor Fontane, Schriftsteller, Apotheker (1819–1898)
Zentrum, Hainstraße 9, Apotheke „Weißer Hirsch"
(heute „Adler-Apotheke", Gebäude aus dem Jahr 1909)

Hans-Georg Gadamer (1900–2002), Philosophieprofessor in Leipzig
Zentrum-Süd, Ferdinand-Rhode-Straße 1

Christian Fürchtegott Gellert (1715–1769), Dichter, Student in Leipzig,
später Universitätsprofessor
Zentrum, Goethestraße 3–5: sein Sterbehaus (heute dort Dresdner Bank)

Johann Wolfgang von Goethe (1749–1832), Dichter, Jurastudent in Leipzig
Zentrum, Neumarkt 3, Gasthaus „Große Feuerkugel", Hofgebäude
(heute dort Galeria Kaufhof)

Johann Christoph Gottsched (1700–1766), Dichter, Universitätsprofessor in Leipzig
Zentrum, Universitätsstraße 11, Gasthaus „Zum Goldenen Bären"
(Haus des Verlegers Breitkopf) sowie Neumarkt 1

Gottfried Wilhelm Leibniz (1646–1716), Philosoph, Mathematiker
Zentrum, Ritterstraße 10, „Rotes Kolleg": sein Geburtshaus
(heute dort Universitätsgebäude aus den Jahren 1891/92)

Gotthold Ephraim Lessing (1729–1781), Schriftsteller, Theologiestudent in Leipzig
Zentrum, Grimmaische Straße 15 sowie Neumarkt 3, Gasthaus „Große Feuerkugel"
(heute dort Galeria Kaufhof)

Albert Lortzing (1801–1851), Komponist, Schauspieler, Sänger
Zentrum-Nordwest, Funkenburgstraße 8, Gartenhaus

Adam Friedrich Oeser (1717–1799), Maler
Dölitz, Bornaische Straße 146/148 (in Resten vorhanden)

Moritz Schreber (1808–1861), Arzt, Pädagoge
(nach ihm sind die Kleingärten benannt)
Zentrum, Grimmaische Straße 27: sein Geburtshaus

Richard Wagner (1813–1883), Komponist
Zentrum, Brühl 3, Gasthaus „Zum roten und weißen Löwen":
sein Geburtshaus (heute dort „Höfe am Brühl",
früher Kaufhaus Konsument, volkstümlich „Blechbüchse")

Wilhelm Wundt (1832–1920), Philosoph, Psychologe,
Universitätsprofessor in Leipzig
Zentrum-Süd, Schwägrichenstraße 17

Georg Dehio: **Handbuch der Deutschen Kunstdenkmäler, Sachsen II, Regierungsbezirke Leipzig und Chemnitz,** *München/Berlin 1998*

Denkmaltopografie Bundesrepublik Deutschland: Stadt Leipzig, Bd. 1: Südliche Stadterweiterung, *bearb. von Christoph Kühn und Brunhilde Rothbauer, Berlin 1998*

Deutsche Biographische Enzyklopädie (DBE), *hrsg. von Walter Killy, München/New Providence/London/Paris, 1995–1999 (10 Bde.)*

Die großen Leipziger, *hrsg. von Vera Hauschild, Leipzig 1996*

Petra Dießner/Anselm Hartinger: **Bach, Mendelssohn und Schumann – Spaziergänge durch das musikalische Leipzig,** *Leipzig 2005*

O. W. Förster/Th. Seidler/C. Markov/A. Kühne: **Leipziger Köpfe – Hundert Berühmtheiten auf der Spur,** *Leipzig (2. Aufl.) 2009*

Irma Hildebrandt: **Provokationen zum Tee – Leipziger Frauenporträts,** *München 1998*

Wolfgang Hocquél: **Leipzig – Architektur von der Romanik bis zur Gegenwart,** *Leipzig (2. Aufl.) 2004*

Sächsische Lebensbilder, *Dresden/Leipzig 1930–2003 (5 Bde.)*

Hans-Werner Schmidt (Hg.): **Kopf oder Zahl – Leipziger Gesichter und Geschichten 1858–2008, Leipzig 2008** *(Ausst. Leipziger Museum der bildenden Künste 2008/09)*

IMPRESSUM

Buchgestaltung:
SILBERWALD –
Agentur für visuelle Kommunikation, Würzburg
www.silberwald.biz

Karte:
Fischer Kartografie, Aichach

Repro:
SILBERWALD –
Agentur für visuelle Kommunikation, Würzburg

Druck/Verarbeitung:
Werbedruck Schreckhase, Spangenberg

Alle Rechte vorbehalten
Printed in Germany
© 2011 Verlagshaus Würzburg GmbH & Co. KG
www.verlagshaus.com

ISBN 978-3-8003-1997-8

WEITERE TITEL DIESER REIHE

Wer lebte wo in Dresden
ISBN 978-3-8003-1689-2

Wer lebte wo in Hamburg
ISBN 978-3-8003-1996-1

Wer lebte wo in München
ISBN 978-3-8003-1671-7

Wer lebte wo in Weimar
ISBN 978-3-8003-1991-6

Unser gesamtes Programm finden Sie unter:
www.verlagshaus.com

Meinen Großeltern Toni und Kurt Patan gewidmet